収益性と節税を最大化させる不動産投資の成功法則

藤原正明
Masaaki Fujiwara

CROSSMEDIA PUBLISHING

はじめに

年金2,000万円問題やコロナショックでの先行き不透明感から、富裕層はもとより一般会社員に至るまで、幅広い方たちが「資産運用」に関心を寄せています。

ただし、株式投資やFX、暗号資産などはそのボラティリティ（価格変動率）の高さから、儲かる時とそうでない時の差が激しく、トライする人は多いようですが、コンスタントに利益を出している人はほんの一握りに過ぎません。かつ、マーケットに向き合う必要があり多忙なビジネスパーソンには向かず、値動きに一喜一憂する生活は、かなりのストレスのようです。長期的な運用に向いているとは言い難いでしょう。

そうしたなかで、改めて注目を集めているのが、収益物件を保有して賃料収入を得たり、売却益を期待する、「不動産投資」です。1980年代後半～90年代のバブル期など、過去にも何度かブームはありましたが、ここ数年富裕層はもとより、ビジネスパーソンでも取り組む人が増えています。確かに不動産投資は、株やFXなどと比較して長期的に安定した収入を得やすい、ローリスクな投資という一面はあるでしょう。

しかし収益物件なら何でもよいかというと、もちろんそんなことはありません。リスクが低いからといって誰でも成功できるかというと、それももちろん違います。

例えば、都心部を中心に数多く供給されている、新築区分ワンルームマンション。不動産投資の初心者には「自己資金が少なくて済むのでお勧め」という触れ込みを聞いたことのある方は多いでしょう。実際に、こうした区分ワンルーム投資を始める人は少なくありません。

ところが、収益性は問題ないと考え物件を購入したものの、運営費用や修繕費、税金などのコストが想定以上にかかり、最終的な手残りが雀の涙程度というケースも。賃料収入だけでは銀行の返済や諸費用を負担できず、足りない分を自身の財布から補填している人だっています。投資を始めたはずが、これでは本末転倒です。

あるいは、いざ投資してみたものの想定とは異なり空室が発生して、次の入居者は当初の賃料でなかなか決まらず、結局は想定賃料より低い賃料で入居させてしまう…。その結果、銀行への融資の返済に困るケースが多発しています。

それでは、不動産投資のリスクを極力抑えて、長期的かつ安定的に収入を得るためにはどうすればよいのでしょうか。

私は、10年以上前の会社員時代から不動産投資を始めており、購入と売却を何度か行ってきました。その経験を活かし、2013年より収益物件を活用した資産運用コンサルティング会社の大和財託株式会社（以下、当社）を経営し、日々、多くの方の資産運用・資産形成・税金対策のサポートを行っています。

その実績を踏まえ断言できるのが、不動産投資には成功するための「成功法則」があるということです。それを学ぶことで、不動産投資の初心者でも失敗せずに確実に成功することができるのです。

不動産投資で重要なのは、成功法則をもとに正確なシミュレーションを行い、利益が出るかをシビアに見定めることです。大きな金額を投じるわけですから、安易な誘い文句を頼りに始めるのは、あまりにも危険なことです。

ところが現実は、誤った知識で不動産投資を行い、最終的にはマイナス収支になってしまったという人が後を絶ちません。

このような誤解が原因になり不動産投資で失敗する人を、ゼロにしたいのが私の願いです。

そこで本書では、まずは押さえておきたい不動産投資の基礎知識を整理したうえで、不動産投資を成功させるための「5つの成功法則」を紹介します。

投資するエリアはどこが狙い目か、正しい指標とは何か、失敗しない物件をどのように選定するか、資金はどう調達するのがベストか、購入後の賃貸経営で利益の最大化実現のためにはどうすればよいか、など初心者でも分かるように解説します。

また、具体的に理解していただくために、実際に収益物件による資産運用をスタートさせた方々の事例も数多くご紹介しています。

この本がきっかけとなり、1人でも多くの方が、収益物件による資産運用を成功させ、長期的に安定した収入を得ることになれば著者としてうれしく思います。

本書は、『はじめての不動産投資成功の法則 改訂版』（幻冬舎）の構成を変更し、事例を新しく加え、大幅に加筆を加えたものです。

収益性と節税を最大化させる不動産投資の成功法則　目次

第2章 成功法則① 「エリア」安定したキャッシュフローを生み出すエリアの選び方

第3章 成功法則② 「指標」正しい理論で投資を判断する

第5章 成功法則④ 「融資」利益最大化を実現する融資戦略

第6章 成功法則⑤ 「管理」賃貸管理に特化した不動産会社をパートナーに選ぶ

第1章

不動産投資に成功する人と失敗する人の違いとは？

なぜ不動産投資が注目を集めているのか

近年、不動産投資が注目されたのは、1980年代の昭和～平成のバブル期です。当時は、高騰を続ける土地価格を利用し、購入した物件を購入金額以上で売却する、いわゆる「キャピタルゲイン」で利益を得る仕組みで、高所得者層の方や企業が中心となって行われていました。

ところが90年代に入りバブルが崩壊すると土地の価格は急落して、不動産投資ブームは終わります。市況は低迷を続けていましたが、ある書籍の登場により一般の会社員などに、不動産投資が浸透することになります。それが、2000年に発表された、ロバート・キヨサキ、シャロン・レクターによるベストセラー『金持ち父さん貧乏父さん』（筑摩書房）でした。これにより、賃料収入による不労所得、すなわち「インカムゲイン」が会社員の方などにも広く知られることとなり、不動産投資は毎月安定して得られる第2の収入の柱として、また、リタイア後の私的年金として期待されるようになったのです。同じ時期、某メガバンクが不動産投資用のアパートローンを開発し、それに追随するかたちでいくつかの金融機関も同様の商品をパッケージ化しました。これにより資産がない一般の会社員でも不動産投資ができるようになったのです。

その後も、不動産投資は数ある投資のうちの1つとして定着し、テレビ番組や雑誌などでも特集が組まれるなど、不動産投資という言葉を目にする機会が増えています。今では会社員がアパートやマンションを持つ「サラリーマン大家」や、数十棟を所有する「メガ大家」という言葉も珍しくありません。今、不動産投資において注目されているのは、前政権による経済政策、株価の高騰、東京オリンピック・パラリンピックの開催決定による不動産価格上昇への期待、そして日本人の将来に対する不安などが要因でしょう。

すでに土地などの資産を持っている土地オーナー・富裕層の方にとっては、2015年1月から始まった相続税増税への対策として、土地活用による賃貸経営が注目を集めています。さらに2020年は新型コロナウイルスの影響で収入が不安定になり、将来に対する不安を覚えた人も多く、新たな収入の柱として、改めて不動産投資への関心が高まっているのです。新築シェアハウスの事件や不正施工問題などが起こり、不動産投資ブームに水を差す形となりましたが、安定収入が得られるという点から不動産投資熱は冷めそうにありません。

不動産投資の仕組みを知る

先ほども説明はしましたが、不動産投資の利益の出し方は2つあります。1つは購入した不動産を高値で売却することで利益を得る方法、もう1つは不動産を他者に貸すことで賃料収入を得る方法です。前者で得る利益をキャピタルゲイン、後者をインカムゲインと呼びます。

特に土地や建物の価格が上昇していたバブル時代は、キャピタルゲインを狙った不動産投資が主流でした。しかし、バブル経済崩壊と同時に資産価値の低下（キャピタルロス）によって、巨額の負債を抱える人が続出したのです。

一方、バブル後は、不動産投資によるインカムゲインに注目が集まるようになりました。資産の大きな値上がりは期待できなくなったものの、毎月安定して賃料収入が得られるという利点が、将来の不安解消や安定的な資産運用に役立つと考えられたからです。

近年は不動産市況が盛り上がりを見せているため、過去に物件を購入し不動産投資をしていた方々からキャピタルゲイン狙いの期待も高まっていますが、キャピタルゲイン前提での不動産投資はリスクが大きいため、インカムゲインを前提に行う必要があります。最終的には、不動産投資は保有物件を売却することで、その投資の最終利益が確定するため、どちらか一方ではなく、インカムゲインとキャピタルゲインの双方を考え、投資に取り組む必要があります。

2つの利益が期待できる不動産投資ですが、他の投資とは何が違うのか考えてみます。

株式投資、FX（外国為替証拠金取引）、REIT（不動産投資信託）、先物取引――。「投資」といっても、世の中にはさまざまな手段があります。そのなかで、リスクが少なく安定的に収益を得られ、投資成果を出しやすいものはどの投資なのでしょうか。

投資と聞いて一番に、株式投資を思い浮かべる人は多いと思います。当社に収益物件の購入で相談に来られる方々のなかにも、すでに株式投資をされている方は少なくありません。

株式投資は個別銘柄を基本的に安く買い、高く売ることで利益を確定させます。業績によっては配当も期待できますが、十分な金額の配当を得るためには相応の株数が必要となるため、配当狙いの株式投資は資産家向けの手法といえるでしょう。一般的には、売却してはじめて利益が得られる投資といえます。

そんな株式投資には、「外部環境に左右される」という難しさがあります。経済動向により株価は変動を繰り返しますので、継続して利益を得るためには常にマーケットを注視して売買を繰り返すしかありません。その時々の経済・社会情勢から想定される株価の変動を予想し、中長期にわたり利益を出し続けるのは、長年の経験が必要でしょうし、実際プロの投資家でも勝ち続けるのは至難の業です。まして初心者が浅い知識をもとに株を始めても、ある局面では利益を上げられるかもしれませんがビギナーズラックにしか過ぎず、長い目で見て安定した収益を確保できるとも思えません。

株を推奨する投資家の意見もあるでしょうが、少なくとも本書が想定する長期的な安定収益源を確保するためには、株式投資は不向きです。

株式以上に投機的要素が強い投資として、FXや先物取引があります。

FXとは外国為替の売買差益で利益を狙う取引、先物取引とは特定の商品を特定の期日にあらかじめ約束していた価格で売買する取引です。

いずれもレバレッジ(テコの原理)を効かせて、投資金額の何倍もの額を運用できるため、読みが当たれば大きな利益を得られますが、その分、損失額も比例して拡大するというリスクがあります。投資金額がゼロになる可能性もあり、もはや“ばくち”そのものといえるでしょう。

不動産を扱う投資として、REITは証券会社などで購入できるため、株式投資と同様に取り組みやすい投資です。投資信託の一種で、投資家から集めた資金を元手に不動産を運用し、賃料収入や売却益を分配する金融商品です。投資を専門に行う法人に運用を任せるため一定の安心感はありますが、上場しているため投資元本は日々変動し、上がることもあれば下がることもあるため、その価格変動リスクを考えれば、投資効率・利回りは特別高いものではありません。

REIT各商品の利回りは、平均4%程度です。仮に元本100万円で始めた場合、年間に得られる利益は数万円程度となります。多額の現預金を持つ一部の方がREITで資産運用することは、低金利時代にとっては有効かもしれませんが、多くの方々にとってはREITのみで将来の経済的安定を得ることは難しいといわざるを得ません。

このように代表的な投資を比べた時に総じていえるのは、そもそも投資で中長期的に安定した利益を得るのは、そう簡単ではないという点です。どのような投資を選ぶのかは個人の自由ですが、将来の不安解消を目的にした場合、これらの投資では失敗するリスクが高く、また安定した不労所得の仕組みをつくることができる可能性は低いといえます。

一方で不動産投資は、他の投資手法と比較してローリスク・ミドルリターン、そしてロングリターンなのが特徴です。毎月の賃料収入（インカムゲイン）が利益のベースになっているため、物件を保有している限り安定した収入を得ることができます。

また、物件購入のために金融機関から借入をした場合、毎月の賃料収入の一部が返済に充てられ、負債が徐々に減っていき、物件の時価より負債が小さくなれば、含み益を得ている状態になります。あるいは、不動産市況が賑わい物件金額が上昇すると、売却によるキャピタルゲインを得ることもできます。保有し続けてもよし、売却して利益確定するもよしということです。

不動産投資は、適切な知識を持ち、適切な物件と融資を選び、購入後も適切に運用すれば、安定したリターンが得られる投資法といえるでしょう。

もう1つ、特徴があります。それは、物件購入からその後の運用まで、それぞれの分野のプロフェッショナルに任せられる体制が整っている点です。信頼できるパートナーを選び、“仕組み”さえ作ってしまえば、自分の時間を確保したうえで、毎月安定した賃料収入が得られます。株式投資のように毎日相場を気にして時間を取られることもありません。それぞれの物件に目的を持たせ、複数物件を戦略的に組み合わせ保有する「不動産ポートフォリオ」を組成できれば、よりリスクを低減したうえで、より安定した収入源の構築を確固たるものにしたといえるでしょう。

不動産投資のメリットを知る

不動産投資は、多くのメリットがあります。ここでは、代表的な5つのポイントをまとめました。

メリット① 売買しなくても毎月収入が得られる

先に挙げた代表的な投資の株式投資は、売却益を狙った取引が基本で、原則として売却してはじめてリターンが得られるものでした。長期保有目的でない限り、常にマーケットに注視して適切なタイミングで売却しないといけません。株価はリアルタイムで大きく変動するので、取引が行われている午前9時から午後3時まで市場に張り付く必要もあります。本業がある方にとっては苦労も多いでしょう。何より、株価に一喜一憂する生活はストレスになるはずです。配当狙いの株式投資は多額の現預金がある方にとっては有効な投資法ですが、大多数の方にとっては投資原資が限られるためリターンの絶対額としては大きくありません。

対して不動産投資は、売却せずともきちんとした管理運営体制さえ整っていれば、毎月の賃料という安定収入が得られるメリットがあります。残債より低い金額でしか売却できないと、保有中に得て積み上げた収益を失う可能性はありますが、不動産市場の価格変動は株式に比べると非常に緩やかなため、毎日注視する必要もありません。会社員や中小企業経営者、士業の方々など、本業が忙しい方でも取り組みやすい投資といえるのではないでしょうか。私自身、不動産投資を行っていますが、現在の不動産投資に関連する作業時間は月にして数分程度です。それでも口座には毎月賃料が振り込まれ、預金残高が積み上がり続けています。

メリット② 購入時に借入が可能

不動産投資最大のメリットといえます。株式投資の場合、基本的には自分の手持ち資金で投資をします。FXや先物取引のように手持ち資金の何倍もの額を運用できる仕組みは一部ありますが、あくまで元手は自分のお金です。信用取引はハイリスク・ハイリターンで、それこそ投資期間中は本業に集中できないでしょう。

不動産投資の場合、投資規模が数千万円から数億円になりますが、ほとんどの方は融資を受けて物件を購入します。借入を起こすことでレバレッジがかかり、手持ち資金の投資効率を何十倍にも上げることができるのです。世の中にはさまざまな投資形態があるなか、投資のために金融機関がお金を貸してくれるのは、私の知る限り不動産投資しかありません。これは金融機関が、不動産投資を不動産賃貸事業とみなしており、安定的に収益が上がるため融資したお金の返済も確実な事業と位置づけているからです。投資できる元手が限られる方こそ、不動産投資の借入レバレッジを活用して効率よく投資していかなければ、経済的安定を得ることはできないのです。

メリット③ 創意工夫で収益性を高められる

株式投資やFX、先物取引などは、投資家自らが行動を起こしても、投資対象の価値を高めることはできません。例えば、自動車メーカーの株を保有していたとしても、自分がその会社の車を1台買ったからといって、株価には影響しないでしょう。ブログやSNSでその企業がいかに素晴らしいか積極的にアピールしても、よほど影響力のある方でない限り、株価は一銭も上がりません。これらの投資法では他人（外的要因）に手綱を握られた状態で投資をしているようなものです。

一方、不動産投資は自らの創意工夫で保有物件の収益性を高めることができます。

簡単な例では、入居者に人気のある設備を新規に導入する方法があります。

他にも部屋をリフォームしたり、外壁塗装を施したり、募集広告を工夫したり、エントランスなど外構の見栄えをよくしたり、入居者や入居検討者に「住みたい」と思ってもらえるよう努力することで、物件の収益力を上げられるのです。

もう少し具体例を出しましょう。設備としてモニターフォンを設置することで、場合によって月1,000円程度の賃料の値上げが可能になり、年間で1万2,000円収入が向上します。モニターフォンの投資金額が3万円とすると、設備投資の利回りは40%（1万2,000円÷3万円）。賃料が年間1万2,000円増加すれば、売却時に大きな利益を生むことになります。物件売却表面利回りを10%と仮定すると12万円（1万2,000円÷10%）となり、わずか3万円の投資で売却金額が12万円も増加するのです。1戸だと金額が小さいように思えますが、10戸になれば120万円、20戸になれば240万円と売却金額が増加します。

ただし、費用対効果を考慮しなければ管理会社やリフォーム会社が潤うだけで、不動産投資家の利益につながらない可能性もあるので注意は必要ですが、自分のアイデアで保有物件の価値を高められるのは不動産投資だけの大きなメリットといえます。

メリット④ 大きな節税効果が期待できる

不動産投資では安定的に賃料収入が得られますが、得た収入に対して何も手を打たないと納税金額が大きくなり、最終的な手残り金額はわずかとなる場合があります。

以前、面談した物件所有者の場合、賃料収入は年2,000万円を超えていましたが、不動産所得に対し所得税・住民税で400万円を支払っていたため、最終手残りは100万円にも満たない状況でした。個人で収益物件を所有すると、投資規模の拡大によって課税所得が上がり、累進課税により適用税率も上がるため、最終手残りが少なくなるからです。これについては、税金を抑える方法の1つとして資産管理法人の活用があります（152ページ参照）。法人にすることで、個人の累進課税による税率適用ではなく、有利な法人税率を利用し税金を抑えることができるのです。

しかし法人でなくても、不動産投資では節税・税金のコントロール（タックスマネジメント）が可能です（155ページ参照）。数ある投資のなかでも、タックスマネジメントができるのは不動産投資くらいです。合法的に節税ができるのは不動産投資のメリットであり、税金のコントロールの巧拙によって不動産投資の成績も大きく変わります。

また、収入に対する節税ではなく、資産に対する節税としても不動産投資は非常に有効です。相続税対策として収益物件を活用することで、相続財産の相続税評価額を大幅に圧縮することが可能となるのです（177ページ参照）。

メリット⑤ 管理運営を任せられる体制がある

不動産投資を始めたい方々と話をしていると、「物件の購入」に主眼を置く傾向が強く見られます。その一方、「購入後の管理運営」はあまり重要視しない傾向があります。

ところが、いくら利回りが高く、立地に優れた物件を購入できたとしても、その後の管理運営がしっかりしていなければ、期待する投資成果を上げることはできません。管理の不備で空室が多く発生すれば最終的な利回りは低下しますし、適正な募集ができなければ優良物件でも入居者が決まらない事態も考えられます。だからこそ、物件購入後の管理運営はとても重要なのです。

幸いなことに、不動産投資では、管理運営をアウトソース（外部に委託）できる体制が整っています。信頼できるパートナーを味方につけて、保有物件の管理運営を一任すれば、あとは自動的に収益が入ってくる仕組み（＝お金を生み出す装置）を構築できるのです。管理運営の具体的な方法については第6章を参照してください。

不動産投資のデメリットを知る

一方、不動産投資はメリットばかりではなく、デメリットも生じます。不動産投資を始める前にデメリットを知らされるのは投資への意欲を削いでしまいそうですが、すべてを知ることで対応策を練ることができます。これも、不動産投資を成功に導くために必要なことなのです。

デメリット① さまざまなリスクがある

空室リスク、滞納リスク、火災リスク、地震リスク、金利上昇リスク、事故リスク、損害賠償リスク……。これだけ挙げると、はじめて取り組まれる方は、投資することをためらうかもしれません。

しかし不動産投資は、外部環境に左右されやすい他の投資と違い、大部分のリスクに対処方法があります。

なかでも重要なのは「空室リスク」(143ページ参照)と「滞納リスク」(263

図表1　不動産投資のさまざまなリスク

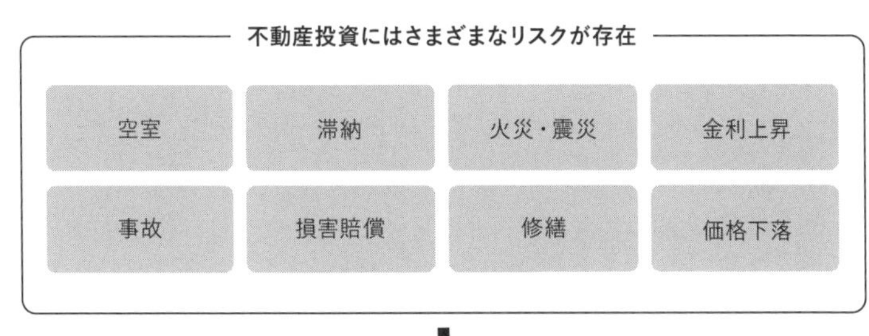

ページ参照）ですが、この項目の対処法は後述しますので、ここではその他のリスクを詳しく見ていきます。ちなみに、結論から申し上げれば、ほぼすべてのリスクへの対処策は、「初期設定を間違わない」ということです。

◉火災・地震・災害リスク

不動産投資は建物を貸し出し、毎月の使用料（賃料）で利益を得る投資（事業）です。よって、商品である建物自体が、火災や地震などで損額を受ける可能性があるのは、大きなリスクといえます。とりわけ日本は自然災害大国で、近年は台風やゲリラ豪雨といった災害が激甚（げきじん）化し、家屋に対する被害は増えるばかりです。その結果、損害を補償する火災保険の保険料は2021年から大幅に値上げとなっています。

災害で恐ろしいのは、建物が焼失・崩壊すれば修繕などの資金が必要となるだけでなく、借入があった場合、返済不能になる危険性もあることです。しかしながら、自然現象を防ぐことはできませんし、火災についても、入居者の不注意だけでなく類焼（るいしょう）（もらい火）の可能性もあるため、リスクを完全に排除するのは難しいでしょう。

対策は1つで「保険に加入すること」です。さらに付け加えるなら「確実に保険金を受け取れる保険に入る」ということになります。まれに保険料の安さだけで保険を決める方がいますが、目的と手段をはき違えてはいけません。

保険に加入する目的は保険料を安くすることではなく、有事の際に保険金の支払いを受けることで、不動産投資・賃貸経営上のダメージを最小限に抑えることです。希望通りの条件で保険金が下りる保険会社を選ぶこと、および投資家側の立場で保険金申請手続きを行う保険代理店経由で加入することが大切です。この保険加入のルートはとても大切です。保険金申請は、発生した損害が保険支払事由に該当するかどうかを鑑定人が判断するため、自動的に決まるものではなく保険代理店の交渉次第というのが実情です。そのため保険加入を検討する際は、戦略的に交渉してくれる保険代理店なのかをよく見極めましょう。

加入する保険内容について、火災保険と地震保険の加入は必須です。その他、水災・ひょう災・雪災補償などの特約については、昨今の台風や豪雨が激甚化していることを考えると加入しておくほうがよいでしょう。近年は孤独死など室内で事故が発生した際に保険金が受け取れる特約を付けられる商品も出ていますので、単身者向けの物件に投資する際は検討すべきです。保険会社によって異なりますが、事故発生後賃料を1年間補償してくれたり、事故後の室内リフォーム費用に関して一定の金額まで保険金が出ます。

当社の事例でいえば、当社自体が投資家に有利な商品を取りそろえている保険会社の保険代理店となり、有事の際には保険会社との交渉や、確実な保険金の受取を提供できる体制を構築しています。

◉金利上昇リスク

収益物件を購入する方の多くが金融機関から借入をするため、物件の利回りだけでなく、借入金利も重要な指標です。もし借入金利が上昇すると、返済額が増え収支が悪化してしまうからです。

厳密には間違っていますが、少し乱暴な言い方をすれば、保有期間中の税金を引かれる前の手取り収入（税引前キャッシュフローといいます）は、物件の利回りと金利との差によります（80ページ参照）。

税引前キャッシュフロー＝年間満室想定賃料－運営費用－元利返済額

金利が上昇すると、最悪の場合は毎月の賃料収入より、返済金額が大きくなる状況に陥ります。金利動向は不動産投資を行ううえで、常に意識しないといけません。現状では、日本は政府がマイナス金利政策を導入して空前の超低金利ですが、永遠に続くとは考えにくく、長期的に見れば緩やかな金利上昇は起こり得ると考えてよいでしょう。

金利上昇リスクに対し、不動産投資家が取れる対策は「自己資本比率を上げる」「固定金利を選択する」の2つです。教科書的な対策と思うでしょうが、金利のコントロール自体はできませんので、仮に上昇した場合でも影響を少なくすることが対策となります。

1つ目の「自己資本比率を上げる」とは、文字通り物件購入の際に自己資金の割合を増やし、借入金額の比率を下げることです。すると、金利が上昇しても影響が抑えられます。

とはいえ、現実的には自己資金を多く投じられるのは、潤沢に現金を持つ一部の方だけでしょう。レバレッジの活用という意味では、自己資金を増やすと自己資金に対する投資効率が悪くなる面もあります。金利上昇リスクへの対応に重きを置きたい方は、返済方法を元利均等返済ではなく元金均等返済にし、当面の税引前キャッシュフローは少なくなりますが元金返済を低金利のうちに早期に進め金利上昇の影響を少なくする方法も有効です（図表2参照）。

2つ目の対策「固定金利を選択する」です。

現在の不動産投資向けの融資状況を見ると、全期間固定金利を選択できる金融機関は日本政策金融公庫など一部を除きほとんどありません。多くは固

図表2　元利均等返済と元金均等返済

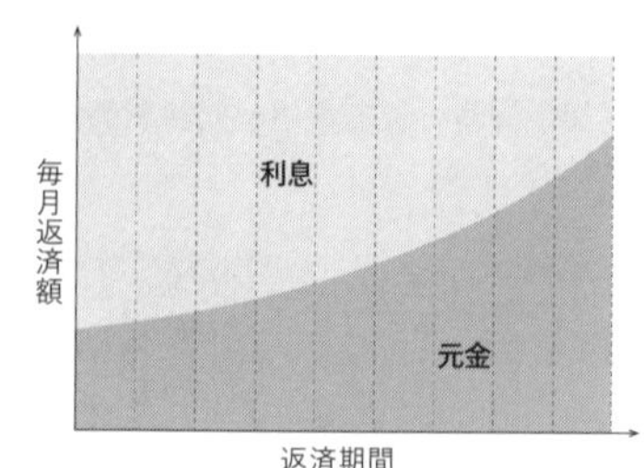

金利に変化がなければ、毎月の返済は同じ。ただし、初期段階では支払利息が多くなり、元金（借入金額）の返済が進みにくい。初期段階からキャッシュフローを求める方向けの返済方法といえる。

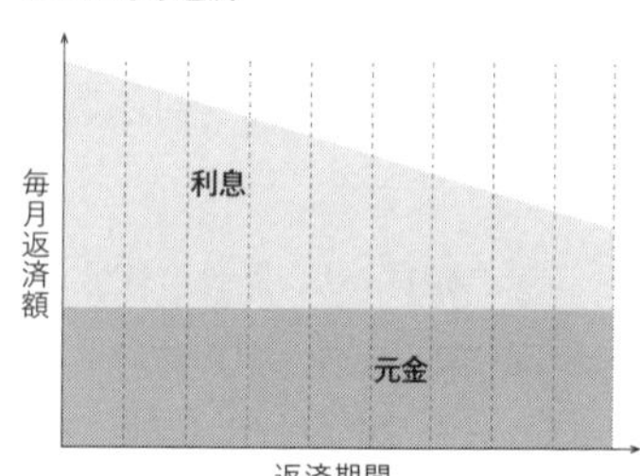

毎月一定の元金（借入金額）を返済していく。ただし、初期段階では支払利息が多く返済開始当初の返済額が最も高くなる。当座のキャッシュフローよりも、早期に借入金額を返済したい方向けの返済方法といえる。

定金利選択型となっており、期限は3〜10年間が一般的です。固定金利は将来の金利上昇リスクを金融機関が負っていることになるため、その分金利は高くなります。

金利上昇リスクを考えると10年間固定金利型を選択することが正しいと思えますが、そうとも言い切れません。出口戦略、つまり売却する時期を考える必要があるからです。

固定金利型を選択した状態で、途中に一括返済をすると違約金が発生します。例えばある金融機関では借入残高の2%です。仮に1億円の借入残高があった場合、違約金は200万円。違約金を支払ってでも高く売却できるならよいのかもしれませんが、無駄な出費は極力避けたいところです。

物件単体の要因や他の保有不動産との組み合わせによるので一概にはいえませんが、3〜5年固定型がベターです。一般論として、収益物件は5〜8年間保有したのちに売却すると、投資効率として一番よい結果が出やすい傾向があります。保有する物件をどのタイミングで売却するのかという出口戦略も考慮に入れ、期間特約の付いた固定金利を選択することが金利上昇リスク対策の基本です。

◉事故リスク（死亡事故）

収益物件を保有していると、確率は低いものの、入居者が亡くなる場面に遭うことがあります。日本は超高齢社会を迎えているため、独居高齢者の孤独死の問題も避けて通れません。孤独死などの自然死ではなく事件性のある事故死の場合、「縁起が悪い」「気味が悪い」といった理由で、他の入居者が一斉に退去する可能性があります。事故が起こった部屋は原状回復工事が必要です。事故の程度で費用には幅がありますが、例えば単身者向けの場合で、壁・天井・床のすべて（壁ボード含む）をリフォームすると、最大で200万円近くかかります。

最大のネックは、入居者を再度募集する際、今までの賃料水準では入居希望者が現れにくいことです。特に他殺があった住戸では、賃料を半分にしてようやく入居者が現れたという事例もあります。

収益物件の場合、賃料の低下は物件価値の下落と同義です（図表3参照）。具体例を挙げましょう。

物件金額1億円、年間満室規定賃料1,000万円、表面利回り10％の物件で事故によって入居者が亡くなったとします。全入居者が退去し、再度募集をしたもののなかなか集まらず、最終的に賃料を以前の7割にして満室になりました。

この場合、年間満室規定賃料は700万円です。事故物件ということで投資家が期待する利回りが11％に上がったとすると、物件金額は6,360万円（700万円÷11％）となり、単純に見れば3,500万円以上価値が下落したことになります。

事故を未然に防ぐ対策はありませんが、必ずしも自殺などの事故による賃料下落が起きるわけではありません。実際に当社の事例では、入居者募集の際に広告料（入居契約時に仲介会社に支払う謝礼金）を周辺相場以上に出すことで、賃料を下げなくても決まる場合があります。

図表3　事故発生による賃貸経営への影響

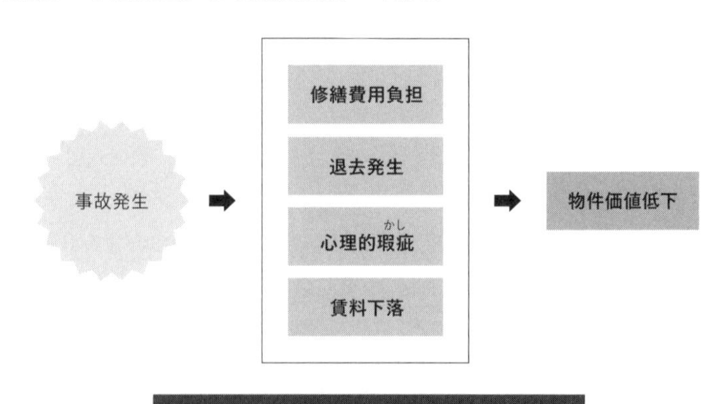

原状回復費用に関しては、近年は高齢者の孤独死が多いことから、一部の保険会社が死亡事故の損害を補償する保険を販売しています。死亡事故があった際に生じる原状回復工事費用、空室期間中の賃料、賃料下落分の金額を補償するものです。

一部の火災保険では入居者死亡時の損額を補償する特約を付保できる商品もありますので、比較的安価に事故リスクの低減ができます。物件購入前に入居者属性（学生、社会人、生活保護者など）を把握し特約を付けるかどうか判断しましょう。

◉損害賠償リスク

収益物件を所有することで、他人から訴えられたり賠償を求められたりするリスクがあります。例として、建物の不具合が原因で第三者に危害を加えてしまったケースを見てみましょう。

まず、収益物件のオーナーには営繕管理義務が生じます。民法の工作物責任（民法717条）に該当するもので、要約すると「物件の欠陥が原因で他人に損害が生じた場合、最終的には所有者がその損害を賠償する責任を負う必要がある（無過失責任を負う）」という主旨です。隠れた欠陥の場合は対策の施しようがありませんが、建物を定期的にメンテナンスすることは、損害賠償を免れる対策として必要でしょう。

施設賠償責任保険への加入も重要な対策です。この保険は、施設（建物）の欠陥などにより人にケガをさせたり、モノに損害を与えた場合、賠償金などの費用を補償してもらえる保険で、不動産投資をするうえでは必須の保険となります。この保険に入る重要性を、私が実際に経験した事例をもとに説明します。

ある物件所有者が築30年を超えたRC造（鉄筋コンクリート造）の収益物件を購入しました。その物件は長らく大規模改修を行っておらず、外壁タイルは崩落しそうな状態でした。私は物件所有者に大規模修繕工事を何度も提案していましたが、資金的な問題で対応できずに時間が経過していたのです。
そして事故は起こりました。外壁タイルが剥落したのです。幸いけが人は出ませんでしたが、建物の傍に駐車していた数台の車に落下して窓ガラスが割れたり、ボディに傷が付きました。
この場合、物件所有者がすべての修理代金を負担しなければなりません。この物件所有者は、施設賠償責任保険に加入していなかったので、結局100万円以上の出費となったのです。
仮に施設賠償責任保険に加入していれば、審査はありますが全額保険金で賄うことができました。保険料は年間数万円程度なので、加入しないという選択肢はないと思ってください。可能な限りリスクを軽減し、利益を最大化するのが不動産投資の鉄則です。

デメリット② 不動産価値の目減り（キャピタルロス）

収益物件の価格は、「収益価格」と「積算価格」の2つの要素で形成されています。
収益価格とは、対象となる不動産の収益性をもとに資産価格を求める、「収益還元法」という評価方法で導き出した価格のことで、積算価格は、土地価格に経過築年数分の価値下落を差し引いた建物価格を合計した価格のことです。多くは高いほうをベースに収益物件の価格を算出し、その金額を参考にして、市場で取引されるようになります。
不動産市況が一定という前提なら、物件金額は建物の築年数の経過とともに下がり続け、最終的に土地値に落ち着きます。したがって、借入金返済スピードより物件金額下落スピードが速い場合、売却時に借入残高（残債）を一括で返済できないという事態が起こり得ます（購入時に自己資金を多く入れていれば話は別ですが、その場合でも売却で自己資金を全額回収できなくなります）。
もちろん、不動産投資はキャッシュフローが出ていれば無理に売却する必要はなく、残債が返済可能になるまで持ち続けるという選択肢も取れなくはないですが、それは長期保有でもキャッシュフローが回る物件というのが前提となります。

こうしたリスクをコントロールするには「物件購入時の物件選定・初期設定を間違わずに行う」という、シンプルかつ当然な方法しかありません。ここでいう初期設定とは、物件価値の下落が借入金返済スピードより遅く、いつでも売却できる物件を購入すること、あるいは万一物件金額が市況の変化で下がり、すぐに売れない状況になったとしても保有し続けるという選択ができるようにキャッシュフローが回る物件を購入することを指します。視点を変えれば、初期設定さえ間違わずに適切な物件を購入し管理運用すれば、不動産投資で利益を出すのはさほど難しいことではないのです。

デメリット③ 取引コストが高い

世の中の投資全般にいえることですが、投資取引をする際には必ずコストが発生します。株式投資であれば、証券会社に対する手数料などです。不動産投資の場合、取引時の諸費用は次の通りで、他の投資に比べるとかなり割高となっています。

【購入・売却共通】

仲介手数料　：物件金額の3%＋6万円（税別）が上限
（取引態様が仲介の時のみ）

登記費用　：司法書士報酬、登録免許税

印紙税　：売買契約書・金銭消費貸借契約書・領収書

【購入時】

不動産取得税：取引後3〜6カ月後、納付する必要あり

火災保険料　：融資を利用する場合は必須、地震保険も

融資手数料　：金融機関によってばらつきあり

【売却時】

不動産譲渡所得税：個人所有の場合、所有期間によって税率が異なる
所有期間5年以下「短期譲渡所得」：税率39.63%
（うち復興特別所得税0.63%）
所有期間5年超「長期譲渡所得」　：税率20.315%
（うち復興特別所得税0.315%）
銀行手数料：一括返済手数料、固定金利選択時違約金など

物件の種類や地域によりかなり異なりますが、おおまかに見積もると、購入時は売買金額の約7%（売主との直接取引で約4%）、売却時は売買金額の約4%（仲介取引の場合、譲渡税除く）を取引時のコストとみておけばいいでしょう。

コストが大きいということは頻繁に売買が難しいことなので、計画性を持ち、何年程度保有するのかを見定めて投資を進めていく必要があります。

デメリット④ 流動性が低い

株式や投資信託などの投資商品は、即日売却し数日中に現金化することができますが、収益物件では現金化したいと思っても一定の期間が必要です。売却に要する時間は、不動産の買い取り会社が買主の場合で約2週間、一般の買主の場合で2～3カ月程度が一般的です。急な資金が必要になった場合、株式投資などよりも換金性が悪いといえます。

収益物件を売却し現金化するには、さまざまな手続きを踏まないといけません。売り出し価格が相場よりも高過ぎて1年以上売れなかった、契約したものの買主側のローン申請が通らずに契約解除となったというように、売却までスムーズに運ばないケースも多くあります。

流動性の低さを解決するには、「収益物件を適正価格で購入し、高い入居率で管理運営し資産価値を高く保っておく」ということに尽きます。こうすれば、急に現金化したい場合に多少安く売却したとしても、十分残債を抹消できる金額で売却できる可能性が高くなります。

想定リスクは事前に対策ができる

収益物件を保有することで、さまざまなリスクも生じます。ただし、これらは事前に対策を打つことで、最小限に押さえることが可能です。

まず、不動産投資の最大のリスクは情報開示がなされないことだと私は考えています。物件を検討する際に開示されるべき情報が明らかにならず、購入後に顕在化することでリスクが発生するのです。

しかし、開示されるべき情報を適切に把握し、投資判断することで「リスクに対して何らかの対策が打てる」というのが不動産投資の特長です。これは、株式などコントロールが難しい外部環境に左右されやすい他の投資にはないメリットといえます。不動産投資は、投資というよりは事業なのです。

では実際、物件検討時に押さえておくべき情報とは何でしょうか。投資家目線の不動産会社であれば、いわずともすべて開示してくれますが、そういった会社は多くありません。投資家自身が自ら情報請求の依頼をしないといけないケースがほとんどです。次に列記しますので、ぜひご参考にしてください。

収益物件特有の確認事項

◉レントロール

レントロールとは、その物件の入居者の状況を一覧にしたもので、賃料・共益費などの賃貸借契約の条件の他、入居時期、入居者属性を確認することができます（図表4参照）。

図表4 レントロールの一例

単位：円

号室	契約状況	間取り	面積	賃料	共益費	月額合計（現況）	月額合計（満室想定）	敷金保証金	返済債務	備考
1階店舗	契約中			220,000		220,000	220,000	220,000	220,000	P2台込
201	契約中	2DK	45.8㎡	67,000	3,000	70,000	70,000	350,000	50,000	
202	契約中	2DK	45.8㎡	57,000	3,000	60,000	60,000			
203	契約中	2DK	45.8㎡	67,000	3,000	70,000	70,000	800,000	640,000	
204	契約中	2DK	45.8㎡	62,000	3,000	65,000	65,000			
205	契約中	2DK	45.8㎡	62,000	3,000	65,000	65,000			
301	契約中	2DK	45.8㎡	78,000		78,000	78,000	400,000	50,000	
302	契約中	2DK	45.8㎡	67,000	3,000	70,000	70,000	500,000	100,000	
303	空室	2DK	45.8㎡			0	63,000			
304	契約中	2DK	45.8㎡	57,000	3,000	60,000	60,000			
305	空室	2DK	45.8㎡			0	63,000			
401	契約中	2DK	45.8㎡	52,000	8,000	60,000	60,000			
402	空室	2DK	45.8㎡			0	63,000			
403	空室	2DK	45.8㎡			0	63,000			
404	空室	2DK	45.8㎡			0	63,000			
405	契約中	2DK	45.8㎡	65,000	3,000	68,000	68,000	700,000	560,000	
駐車場1	契約中					-	0			
駐車場2	契約中					-	0			
駐車場3	空き					0	10,000			
駐車場4	空き					0	10,000			
合計				854,000	32,000	886,000	1,221,000	2,970,000	1,620,000	

レントロールのチェックポイントは多岐にわたりますが、一番大切なことは賃料・共益費です。中古物件の場合は既存の入居者で長年住んでいる方も多く、その住戸の賃料が現在の賃料相場に比べて高くないかを確認する必要があります。

新築物件の場合は、2つのパターンがあります。1つはまだ建物が建っていない状態で物件紹介がなされたケースで、このケースの場合のレントロールは売主である不動産会社・建設会社がこれくらいの賃料で入るであろうという想定賃料が金額として記載されています。想定通り入居者が入ってくれればよいのですが、物件によっては相場よりはるかに高い強気の賃料が設定されているケースも散見されます。購入後にレントロールから大幅に下がった賃料でなければ入居が決まらないこともよくありますので注意が必要です。

もう1つのケースは新築完成物件で、この場合のレントロールは入居済みのため、賃料金額は確定していますが、2つのケースに共通して注意したいのが、一度退去が発生したら同じ賃料で入居者が入ってくれるかどうか、という点です。新築物件の場合、「新築未入居」ということで強気の賃料設定でも決まることもありますが、一度人が住んだ住戸は未入居物件ではなくなるため、賃料が落ちることがあります。また、売主である不動産会社・建設会社がフリーレント（一定期間賃料を無料にすること）や賃貸借契約の成約時に賃貸仲介会社に支払う広告料を相場以上に設定するなどのキャンペーンを実施して無理をした高値賃料で決めていることもあり、そういう物件は一度退去が出てしまうと同じ賃料での入居付けはかなり厳しくなります。

中古であれ新築であれ、レントロールを確認する際には、現在の賃料相場ですべての住戸の賃料を引き直して「年間満室想定賃料」を計算する必要があります。また築年数が経過した時の賃料下落がどれくらいになるのかも確認する必要があります。

◉賃料滞納の有無（履歴含む）

滞納者の対応は金銭面も含めて大変手間がかかります。前の所有者の時から滞納が発生している場合、所有権移転後の賃料債権の取り扱いなどを事前に取り決めておくことが、後々のトラブル回避につながります。具体的には、①前所有者が持っている賃料債権は放棄してもらい滞納中の入居者にも過去の滞納の支払いを免除し今後発生する賃料は確実に支払ってもらうよう念書を取る、②引渡しまでに滞納者の退去を売買時に条件にする、などがあります。いずれにしても何らかの対応を購入前からとらなければ後々苦労することになります。加えて、万一の滞納時に賃料を立て替え保証してくれる賃料保証会社の加入状況を確認しておくことも大切です。

◉大規模修繕履歴

築20年以上経過しても、一切の修繕を行っていない収益物件は多くあります。収益物件ポータルサイトに掲載されている物件で一見利回りが高いものでも数年内に修繕の必要が出てくるため、物件金額に大規模修繕費用も含めて投資判断する必要があります。

大規模修繕といえば、外壁塗装、屋根（屋上）防水、給排水管交換、消防用設備更新、給水ポンプ交換などさまざまです。購入後に賃貸管理を委託する予定の管理会社や工事会社に事前に見積もりを取っておけば、将来発生する費用を事前に把握でき、投資判断の材料になります。

当社でも提供しているのですが、不動産会社が大規模修繕工事実施済みの物件が販売されている場合があり、修繕リスクを抑えることができ、利回りが相場並であればトータルとしてみればメリットがあります。

いずれにしても、近い将来に発生する可能性のある修繕費用を含めて投資の判断をすることが重要なのです。

◉運営費用（ランニングコスト）

運営費用を把握することは、物件の真の利回りを算出するための必須条件です。いくら表面利回りが高くても、運営費用が高ければ、真の利回りは下がってしまうからです（80ページ参照）。

運営費用で代表的な項目は、「固定資産税・都市計画税」「建物管理費（日常・定期清掃、受水槽清掃点検、消防用設備点検、エレベーター点検など）」「水道光熱費」「管理手数料」「火災保険料・地震保険料」などがあります。

運営費用を確認事項にしているケースは多いですが、未調査の項目も多いものです。例えば「ケーブルテレビの所有者負担費用」「無料インターネットの所有者負担費用」「ごみ収集費用」「水道検針費用」「町内会費」など、引き渡し後に想定外の費用請求がないように確認しましょう。

◉法定点検実施履歴

消防用設備点検や受水槽清掃点検が長期間実施されていない物件は意外に

多く、注意が必要です。何も告知されないまま引き渡された結果、不適格箇所の是正に多額の費用がかかるケースがありますし、そのままその不具合箇所が是正されない場合は、法的に処罰の対象になります。法定点検をしていないがために、万が一物件で事故が起こった場合は所有者が責任を負わなければならないため、必ず実施するようにしてください。

◉敷金返還債務

これは関西圏の物件を購入する時に留意すべき項目です。

ご存じの通り、敷金というのは賃貸借契約を締結する際、借主から貸主に支払われる金銭で、預り金の性質を持ちますので、借主退去の際には貸主は借主に返還する必要があります。

収益物件のオーナーチェンジによる売買において、敷金の取り扱いは地域によって大きく異なります。関東圏では、敷金は借主から預かったお金なので新しい所有者に敷金を引き継ぐという商習慣です。つまり、売買代金が買主から売主に支払われる一方で、売主から買主に敷金相当金額が支払われます。

しかし、関西圏ではこうはなりません。敷金返還債務があったうえで売買金額の合意がなされているという考えで、買主は敷金を引き継げず敷金返還債務のみを引き継ぐのです。つまり、既存借主がいる物件に関しては、買主は売主あるいは借主から敷金を受け取っていないにもかかわらず、退去時には敷金返還金を負担しなければなりません。特に店舗や事務所、長期入居者においては返還債務が高額になっている傾向があるので要注意です。

買主の立場で見れば、関東圏のように敷金を現金で引き継げたほうが、当座の現金を持つことができるため、関西圏のこの商習慣は不利だといえます。売主との交渉によっては、敷金返還債務分を売買金額に上乗せし、売買代金とは別に敷金を受け取れる場合もありますが、いずれにしても高額の返還債務は収支に大きく影響することになります。

◉ペット飼育の履歴

ペット飼育可物件へのニーズは年々増えています。空室対策上もペット飼育可にすることは有効です。

しかし、デメリットとしては退去時に多額のリフォーム費用が発生する可能性があることです。チェック項目としては、そもそもペット飼育可物件であるかどうか、例外的にペット飼育を認めている住戸の有無、ペット飼育可の場合において賃貸借契約書に退去時にペット飼育に起因する汚損部分のリフォーム費用が借主負担となっているかどうか、などとなります。

◉外国人入居者の有無

外国人留学生や短期の外国人労働者は増加の一途をたどっており、賃貸経営上も積極的に受け入れることは有効な空室対策となります。しかし、文化や生活習慣の違いから外国籍の方が居住していることでトラブルになるケースもあるため、外国人入居者の有無は事前に確認しておきたい情報です。

入居しているからダメなのではなく、連帯保証人または緊急連絡先の有無および実際の連絡先、賃料保証会社への加入状況などは確認するようにしましょう。外国人入居者のなかには退去届を出さず無断で退去したり帰国したりするケースがあり、保証人や賃料保証会社の加入がない場合は、物件所有者がその残置物の処分や原状回復費用を全額負担しないといけなくなります。

不動産取引全般の確認事項

次は不動産売買取引において一般的な事項で、重要事項説明書にも記載される項目です。まっとうな不動産会社であれば開示してくれる情報ですが、念のため紹介します。

◉接道幅員

用途地域別の法定建ぺい率・容積率の確認のみならず、前面道路幅員が12m未満の場合は容積率に一定の制限がかかるため、物件が遵法性を満たし

図表5　敷地と道路の関係

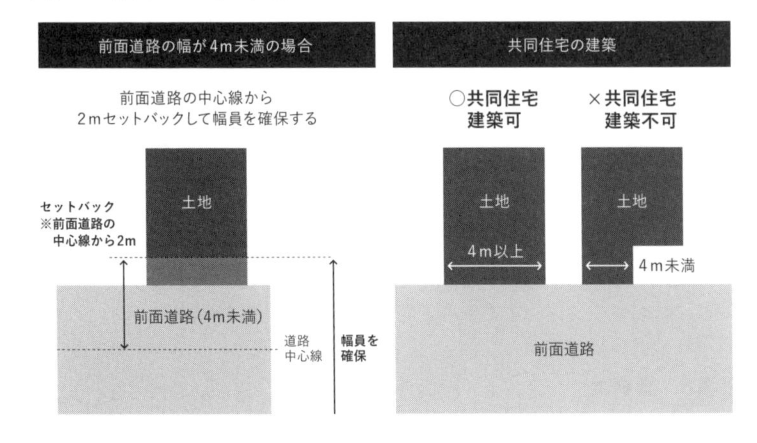

ているかどうかの判断に必要です。利回りが高い物件といって飛びつくと、違法建築物件だったということはよくある話です。

◉境界標、筆界確認書の有無

筆界確認書とは隣接する土地所有者との間で、土地境界線についての双方合意を書面に示したものです。その合意に基づき境界標（境界標の写真参照）が設置されています。注意点としては境界標があっても、必ず隣接地との間で境界線がはっきりしているとは限らないということです。古い境界標の場合には双方で認識が異なっていることも多いのです。新築物件の場合は建築するうえで筆界確認書を取得していることが一般的ですが、中古物件の場合は筆界確認書がない状態での売買も普通に行われています。

◉境界紛争の有無

告知されずに引き渡されると、後々隣地所有者ともめるため注意が必要です。

◉旗竿地（敷地延長地）かどうか、その場合の規制

建築基準法ではアパート・マンションなどの特殊建築物を建築する際は幅員4m以上の建築基準法上の道路に4m以上接道していることが求められます。ただし、その要件を満たしていたとしても図表6に示すような旗竿地（敷地延長地）の場合、一部自治体では竿部分の長さによっては共同住宅の建築ができないケースがあります（その場合であっても、共同住宅ではなく長屋形式の建物であれば建築できる場合はあります）。

再建築できる土地であるかどうかは、物件（土地）の価値に大きく影響を及ぼしますので、新築・中古物件に問わず確認が必要といえます。

図表6　旗竿地

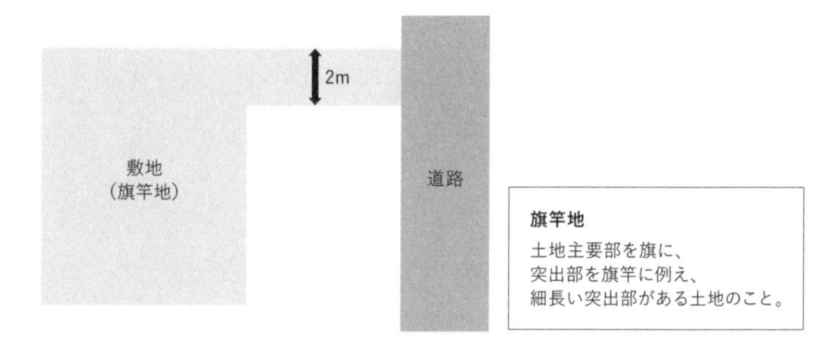

◉第三者の敷地利用の有無

上水道・下水道の埋設配管や汚水枡などが第三者所有の敷地を通っている物件がまれにあります。また前面道路が私道でその所有権が第三者である場合も同様です。中古物件で当面再建築しない場合には必要ないのですが、新たに建築するために土地を購入したり、近い将来建て替えする前提で中古物件を購入する場合には、物件取得時に権利関係の整理や、前面私道の掘削許可を取得しておくことをお勧めします。

◉シロアリ被害の有無

木造物件の場合、シロアリ被害のリスクがあります。過去のシロアリ被害

履歴の確認は当然ですが、直近の防蟻処理実施時期を確認しましょう。未実施の場合は数十万円で実施可能なので、木造物件の場合は必須と考えてください。

◉事件事故の履歴

自殺・他殺などの事故がある物件は心理的瑕疵あり物件となり、物件金額の下落・賃料の下落が起きます。告知を受けずに売買してしまうと、大きな経済損失となりますので注意が必要です（もちろん法的に売主・仲介会社を追求することも可能です）。

◉高圧電線の有無

物件の上空に電力会社の高圧電線が通っていることがあります。多くの場合、電力会社との間で地役権（自分の便益のために、他人の土地を利用すること）が設定されており、登記簿を確認することで把握できます。まれに地役権を設定していないケースもあります。高圧電線が敷地内上空を通っている場合、再建築時に電線から一定の距離をあける必要があり、建築制限がかかります。

◉建築確認済証、完了検査済証の有無

建物を建築するには、建築確認申請を各市区町村の建築指導課に提出し、「建築確認済証」を得てからでなければ工事に着手できません。そして、建物完成時には完了検査申請を提出し、建築基準法および関連規定通り建築されたか検査を受け、「完了検査済証」の交付を受ける流れです。

中古物件の場合、建築確認済証はあるものの完了検査済証はないことがあります。完了検査済証があったとしても、建物完成後に土地の一部が売却され面積が小さくなっていたり、行政によって用途地域や法定建ぺい率・容積率が変更されるケースもあります（こういった物件は違法物件ではなく「既存不適格物件」といいます）。

都市銀行を中心に、融資を受ける際、完了検査済証がなければ取り組まな

い金融機関があります。地方銀行や信用金庫・信用組合などでは必須ではないところも多いですが、コンプライアンスの流れを受けて、建物の遵法性（特に建ぺい率、容積率）を求められます。関西の一部金融機関（信用金庫、信用組合）やノンバンクは今でも多少の建ぺい率・容積率オーバーの物件でも融資を受けられます。

◉用途変更の有無

建築確認申請時は1階を車庫として申請し、工事途中にその部分を住居・店舗にて建築したり、建物完成後に用途を変更した物件があります。こういう物件は容積率オーバーであることが多いので、完了検査済証があったとしても違法物件扱いとなってしまいます。違法物件でなくても金融機関によっては融資を出さないことがあるため事前確認が必要となります。

図表7　建ぺい率・容積率の解説

建ぺい率とは？

ある土地（敷地）の面積と、
そこに建築された建築面積の割合

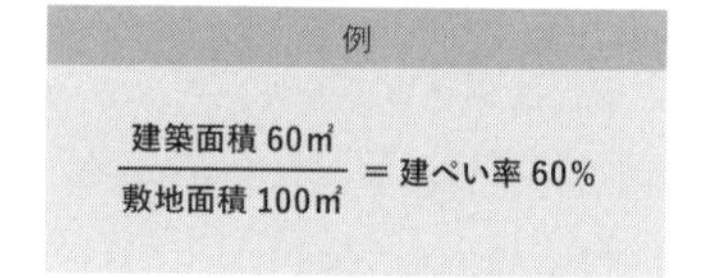

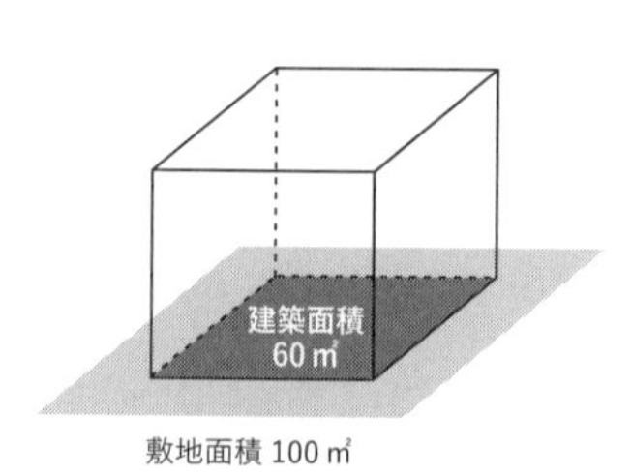

敷地面積 100㎡

容積率とは？

敷地の面積と、建物の延べ床面積
（全フロアの合計面積）の割合

例

延べ床面積 110㎡
（1階 60㎡＋2階 50㎡）
敷地面積 100㎡
＝容積率 110%

2階
50㎡
1階
60㎡

敷地面積 100㎡

成功する人がいる一方、失敗する人もいる

このように、融資利用でレバレッジを掛け自己資金効率を劇的に高められる一方、さまざまなリスクに対して事前に対策を打てるため、資産運用の手段として不動産投資は株式やFXに比べてローリスクだといわれています。

しかし、このような対策は、適切な投資判断を前提としていることを忘れてはいけません。間違った購入の仕方をすれば、ハイリスクに豹変します。ローリスクという言葉に惑わされ、安易に始めてしまう方ほど失敗するといってもいいでしょう。ここでは、実際に初心者の方が失敗してしまった事例をいくつかご紹介します。

失敗例① 同僚からの勧めで新築区分ワンルームマンションを購入

Aさん 45歳 会社員（システム会社勤務）千葉県在住　年収800万円

Aさんは東京都内のシステム会社に勤める会社員です。将来への漠然とした不安から何か投資・資産運用をしたいと考えていたところ、ある時、Aさんの同僚が不動産投資を始めたという話をしてきました。耳を傾けると、「節税ができる」、「ローンが終われば賃料収入はすべて自分のものになる」、「資産が手に入る」、「将来の私的年金になる」、「ローンを借りると死亡保険とがん保険もついてくる」といったメリットがあるということ。同僚が購入した不動産会社を紹介するというので、不動産会社の営業マンとホテルのラウンジで面会することになりました。

物件は東京都内の新築区分ワンルームマンション1室で、営業マンからは、具体的な物件の紹介とお金のシミュレーションの説明を受けました。

「毎月1万円程度の負担を45年間続ければ、最終的には無借金で東京都内に不動産を持つことができます。当社で賃料保証するので空室リスクもなく、不動産投資というより私的年金という位置づけでリスクがありません。生命保険とがん保険もついてくるので、今加入している保険を解約でき節約にもなります。また毎年確定申告をすることで税金の一部を取り戻すことができます。やらない手はありません」

メリットしかないように感じたこと、同僚もやっているということから、Aさんは物件を購入することにしました。融資を受けたので、自己資金の手出しは数十万円で済みました。

購入後は不動産会社からの保証賃料のみでは、支出（金融機関への返済、マンションの管理費・修繕積立金）を賄うことができず、1万円以上のマイナス（手出し）となりました。これが事前に説明を受けていた「毎月1万円程度の負担」ということです。さらには毎年固定資産税・都市計画税の納付や火災保険料の支払いもあったので、負担はそれ以上となっています。

その後営業マンから提案を受け、2室を追加で購入し、全体で毎月4万円の手出しとなりました。Aさんにとって軽い負担ではありませんでしたが、3つの新築区分ワンルームマンションで将来のお金の不安は解消されると期待しての決断でした。

ところが物件購入から4年後、マンション管理会社より修繕積立金の値上げの案内が届きました。物件購入時に説明をなんとなく受けた長期修繕計画には、数年ごとに修繕積立金が上がっていくことが書かれていたのです。さらに、賃料保証をしていた不動産会社からは、保証賃料を10%下げてほしいという減額交渉が……。「話が違う！」と突っぱねたものの、賃料保証の契約書には、「4年後以降は2年に一度賃料の見直しが入る旨の内容の記載がある」と不動産会社は強気の交渉をしてきたので、結局その条件を飲むことにしました。
　他の2室についても同様の話が出てきたため、Aさんの手出しは7万円近くまで増えました。これだけ膨れ上がると家計にも大きく影響を及ぼし、奥様からは不安と不満が噴出しました。

　Aさんは状況を一度リセットしようと物件の売却を試みますが、不動産会社から出てくる査定金額は購入当初の価格から2割近く低く、ローン残高よりも低いため、足りない部分は貯金から支払わなければならず、その貯金もなかったため、売るに売れない状態です。
　Aさんは毎月の手出しに耐えながら、ローン返済を減らす道を取ることにしましたが、今後さらなる保証賃料減額の話や修繕積立金値上げの話が来ないか、不安の日々を送っています。

失敗例② 月20万円の副収入という広告を信じ、中古区分ワンルームマンションを購入

Bさん40歳 公務員 既婚（奥様、お子様2人）大阪市在住　年収900万円

　Bさんには2人のお子様（4歳、1歳）がいて、住宅ローン（借入金額3,000万円）があります。ご自身の定年時期を鑑みると、お子様達の将来の教育費負担に不安を覚え、何か対策をしておきたいと考えていました。

　公務員であるBさんは服務規程があるため、副業をやるわけにもいかず、何か投資をやってみようという考えに至りました。そんななか、インターネットで頻繁に目にしたのが、不動産投資を勧める広告です。「会社員でも月20万円の副収入が得られる！　マンション投資術」などと謳った内容で、Bさんは一度詳しく話を聞いてみようと考え、不動産会社主催のセミナーに参加したのです。

セミナーでは、「不動産投資は立地で決まる」ということが強調され、「利回りを求めるなら東京の中古区分ワンルームマンションがよい」という趣旨でした。投資金額も一棟物件に比べ少額で済むのでリスクが小さく、安心して始められるというのもセールスポイントでした。

セミナー後には相談会が行われ、営業担当者からも積極的な提案がありました。

「公務員の安定した収入背景を利用して、東京都内の中古区分ワンルームマンションを3戸持つことで収益が安定します。給料の一部を繰上返済に充てると早期完済ができ、将来の私的年金にもなりますし、将来の教育費も捻出できます」

面談の後半には、具体的な物件の提案があり、東京都内の中古区分ワンルームマンション（金額2,500万円、表面利回り4.5%）を勧められました。セミナーおよび営業担当者の話を信じ、提案通りまずは1戸を購入することにしました。実際に賃料が自分の口座に入ってきた時は、これでお金の悩みを解決できるかもとワクワクしたとのことです。

その後、不動産会社から追加の物件紹介があり、同規模の物件を2戸追加で購入しました。合計総投資額は7,500万円を超え、購入資金は大部分を融資で賄いました。

実際の収支は、賃料収入から管理費・修繕積立金・賃貸管理会社に支払う管理手数料、ローン返済を引くと、1戸あたり1,700円ほどの手取り（3戸合計約5,000円）。

しかし、固定資産税・都市計画税の話はセミナーおよび購入前にあいまいな説明しかなく、その分を支払えば、手取りはほぼゼロです。確定申告によって、不動産所得がマイナスになり給与所得と損益通算することで数万円の税金還付があったことがせめてもの救いでした。それでも当初の思惑とは異なる結果であり、きちんと説明してくれなかったという印象をBさんはお持ちです。

その後、毎月の手取り金額を増やしたいという思いが強くなり、不動産投資について勉強し、他の不動産会社にも相談しました。しかし、どこに行っても新たな融資は難しいという話ばかりを聞かされ、Bさんはここで初めて「融資の枠」を使い切ってしまったと知ります。

新たな物件購入ができない状況で、中古区分ワンルームマンションに退去が発生しました。幸い2カ月で新たな入居者は見つかりましたが、その間は毎月8万円近く持ち出しが発生し、Bさんは貯金を切り崩し何とか耐えました。奥様からは責められるし、投資したことを後悔しています。

失敗例③ ポータルサイトで利回りが高いと判断し、新築一棟アパートを購入

Cさん35歳 会社員（メーカー勤務）既婚（奥様、お子様1人）

埼玉県在住　年収800万円

Cさんは大手メーカーに勤務する会社員です。昨年結婚しお子様が誕生したのを機に、家族のために将来のお金のことを考えるようになりました。以前から株式投資に取り組んでいましたが、儲かる時もあれば損する時もあり、精神的によくありません。安定性を重視したいと、他の投資や副業などを検討していました。

そんなことを思いながらテレビを観ていた時、アパート経営を推奨するCMが流れて、Cさんは「これだ！」と直感で感じ、不動産投資について書籍やインターネットで情報収集し、不動産会社が主催するセミナーにもいくつか参加しました。分かったのは、安定的な手取り収入を得るには一棟物件、それも修繕リスクなどがない新築がよいということです。その後、収益物件ポータルサイトで見つけた物件を、関東圏で手広く事業を展開している不動産会社から購入しました。

物件は埼玉県内にある、単身者向け8戸の新築木造アパートでした。収益

物件の売り物件情報が載っているポータルサイトには、中古物件は利回り8%台が多いなかで、この物件は新築でありながら利回りが7.5%と物件資料に記載があったのが決め手です。融資は提携ローンを紹介され、自己資金500万円、金利2.5%、期間35年の借入をすることができました。

物件が完成し、賃貸経営がスタートしましたが「手残りが少ない気がする」というのがCさんの感想です。物件金額と購入諸費用合わせて1億円程度に対し、年間の手残りが50万円強の状態です（所得税・住民税控除前）。Cさんは運用開始後も書籍やセミナーで情報収集をしたり、勉強を続けていました。そこで分かったことは、利回りの正しい計算方法です。表面利回りはあくまで参考値でしかなく、実際は他の利回り基準があること、そして不動産会社や建築会社が提示する表面利回りには意図的な数字の罠が仕込まれているケースが多々あるということでした。

そこで計算をし直したところ、この物件の本当の利回りは7.5%ではなく、4.5%だったのです。Cさんは後悔してもしきれない思いですが、ご自身の勉強不足ととらえ、今では新たな物件の購入に向けて情報収集に励んでいます。

失敗例④ 中古一棟マンションを利回りだけに気を取られ購入

Dさん50歳 勤務医 既婚（奥様、お子様2人）京都府在住 年収1,500万円

Dさんは医師という立場もあり、さまざまなところから投資話が舞い込みます。株式投資はしていたものの株価の影響で資産が変動することから、価格の変動が緩やかな不動産投資、特に利回りと規模を取れる中古一棟物件への投資を検討していました。セミナー参加や個別の相談などを数社の不動産会社と行い、物件紹介を複数回受けていたところ、気になる物件に出会います。

それは、不動産会社が売主で関西圏の築34年RC造の物件でした。表面利回りは9%超とRC造にしては好条件です。Dさんは熟考の末、物件を購入しました。本物件は金融機関の担保評価（積算評価）も高く出るようで、融資は一定の自己資金は求められたものの、スムーズに承認を得ることができました。

購入後の賃貸管理は販売した不動産会社の紹介で、地元の管理会社が担当することになりました。いくつか空室があったため管理会社に入居者募集活動の依頼をしましたが、なかなか決まりません。管理会社からは賃料を下げるとともに、広告料（入居成約時に仲介会社に支払う謝礼金）を増額してほしいという提案があり、空室を長期化しておくよりはマシと考え承諾しました。

募集開始から4カ月後にようやく1室が埋まりましたが、購入時のレントロールの想定賃料からは、10%近く安い賃料での成約です。今後、すべての住戸がその賃料でしか決まらないとなると、物件全体の賃料は10%超下がり、満室表面利回りは8%程度になることを意味します。そのうえ、想定以上に修繕コストが高額であることもDさんを悩ませました。長期間入居していた方が退去すると、ファミリー向けの間取りだったのでリフォーム費用が100万円近くかかるのです。数カ月間の手取り賃料収入が簡単に吹っ飛ぶインパクトがあります。

結局、2年間保有した間に手取りはマイナスになり、Dさんはこの物件をすでに売却に出しています。しかし、買い手はいまだ見つかりません。

情報が氾濫し何が正しいのか分からない現状

前述の失敗例には、注意すべき点がいくつもあります。これから不動産投資に取り組んでいこうとしている人にとっては、何がいけなかったのか分からない部分もあるでしょうが、共通していえるのは「初期設定の誤り」です。

Aさんは投資物件の種類の誤り、Bさんは投資物件の種類と融資戦略の誤り、Cさん、Dさんは利回りの理解の誤りがありました。現在は、昨今の不動産投資ブームを受け、書籍や雑誌など、さまざまな形で不動産投資のノウハウが世の中に溢れかえっています。不動産投資の成功者？　なる一般の方が書いた成功体験本、不動産会社が販売したい物件のメリットを書き並べた不動産投資本など枚挙にいとまがありません。インターネットなどで得られる情報には、発信者側（広告であることが多い）のバイアスがかかった偏った情報や、誤った内容もあり、情報を鵜呑みにしてしまった初心者が失敗してしまうのです。

資産運用の有効な手段として不動産投資が注目を集めている今だからこそ、不動産投資を検討されている方は、玉石混交の情報のなかから、冷静に正しい情報を選択したうえで、物件を購入・運営できる力が求められます。

かぼちゃの馬車事件が教えてくれること

ここまで4つの失敗事例をご紹介してきましたが、「将来のため」など、不安解消のために始めた不動産投資が、大きなトラブルに発展することもあります。その1つが、2018年にあった「かぼちゃの馬車」に関わる一連の事件です。各メディアでも大きく取り上げられたので、ご存じの方も多いでしょう。

かぼちゃの馬車は、株式会社スマートデイズ（以下SD社）が展開していた、女性専用のシェアハウスブランドです。30年間の賃料保証（サブリース）が特徴で、投資家は土地と建物（新築シェアハウス）を購入すれば、あとはSD社が賃料保証をするので安定した収入が長期に渡り得られる、というものでした。融資の多くはスルガ銀行が出していました。人気タレントを起用したCMを出したり、女性に特化した新築シェアハウスということでビジネス番組などでも取り上げられていました。

ところが、SD社は長期の賃料保証を契約したにもかかわらず、2017年には保証賃料の減額請求をはじめ、翌年以降は支払いが止まり経営が破綻します。物件の購入者は賃料が入らないので金融機関の返済が滞り、自己破産する人も出てきました。自身で運営しようにもノウハウはなく、女性専門のシェアハウスはニッチな分野ですから、大混乱を招く結果になりました。

この事件ですが、ビジネスモデル自体にそもそも無理があり、SD社とスルガ銀行の担当者が結託して不正融資を行っていたなど、いくつか問題点はありますが、投資家側にも目利きが足りなかったことも問題ではなかったかと思います。そもそもこの投資は30年間ずっと同額の賃料保証がつづくという時点で明らかにおかしいと気づくべきです。この業界ではよくある話ですが、建築の背中押しにサブリース賃料がずっと続くかのような営業トークがまかり通っており、本件においても購入者が「大丈夫ですか？」と何度聞いても、事業者側が全く問題ないと口頭で説明し、それを信じたという内容でした。現代社会において、口頭での説明・約束は全く信用なりませんので、契約書などに明記してもらうことが当然に必要です。

この場合も、すべてのサブリース契約書には、「賃料下落は賃貸相場の変更などによりあります」と書いてあったはずです。契約書に書いているけど、口頭では大丈夫と説明されたからというのは録音などしていれば抗弁できますが、なければそれを理解して契約したとみなされるのが普通です（物件購入者は賃貸経営を行っているので事業者扱いになります）。それに、賃料が30年間変わらないなんてあり得ないと思うのは、一般の方にしても普通の感覚ではないでしょうか（購入者・被害者には申し訳ないですが）。

この件に限らずすべての投資系の話、事業系の話、お金儲け話については、事業者側・相手側の懐事情、つまりどうやって先方が儲けているのか、ということを理解すべきで、何ならきちんと聞くべきです。大前提として、事業者側は利益がなければ事業として成り立たず、継続性がありません。

一般的な住居系不動産は新築時の賃料と築10年の賃料は、東京などの好立地物件など一部では変わらないことはあり得ますが、ほとんどのエリアでは、確実に下落します。そうなった時、賃料保証をする事業者は逆ザヤ・手出しをしてでも、購入者に対して新築時に約束した保証賃料をずっと支払い続けられるのでしょうか。決してそんなことはなく、事業として成り立っておらず継続性がないことを冷静に気づくべきです。かぼちゃの馬車に関しても、投資家はうまい話にばかり耳を傾けるのではなく、「会社側はどうやって儲けているのか」、「なぜ30年間も賃料保証ができるのか」といった疑問を、とことんぶつけることで、トラブルを回避できたかもしれません。

なお当社では、「大和財託はどこで儲けているの？」と尋ねてこられるお客様もいらっしゃいます。「中古物件の場合は物件を安く仕入れて再生し、相場価格で販売して利益を得ています。新築の場合は当社が建設会社なので安く建てることができるため利益を得られるのです。物件の管理もしているので、入居者が入らないと我々も管理手数料が得られません。お客様と我々の利害は一致しています」と答えており、皆さんに納得いただいております。

一社に依存するビジネスモデルもよくありませんでした。かぼちゃの馬車の場合、SD社が経営破綻することで、路頭に迷う投資家が出たのも、そのためです。トラブルが起きた場合、そのビジネスの移管先はあるのか、自分でどこまでカバーできるのかといったことも、本来であれば事前に検討すべき項目でしょう。

私はTwitterでさまざま発信していますが、ダイレクトメッセージ（DM）で投資系の相談が寄せられることもあります。なかでも多いのは、「FXの運用代行で、月15%以上の利回りをプロが出してくれる」という類のもの。「どう思いますか？」と尋ねられることもあれば、私自身が勧誘されることもありました。

この投資案件は、「プロが出してくれる」という100%他人依存の状態が危険なのです。そもそも、こんなうまい話をDMで送ってくること自体、少し考えれば、裏があることが分かるでしょう。こういうケースでも、「なぜそういうことが可能なのか」、「相手は何をもって利益を出しているのか」、「そもそもなぜ私にこの話を持ち掛けているのか」など疑問を抱くのが普通です。

厳しい言い方をすると、世の中の厳しさを分かっていない方が多いのかもしれません。

例えば大企業で会社員をやっていれば、取引先などはきちんと約束を守ってくれるのが普通です。支払期日、納品期日、役務の提供など、事故などで一部遅れが発生することもまれにありますが、多くは誠実に対応します。しかし、一個人として事業を起こしたりすれば、約束が守られないことは珍しくなく、取引前には与信管理や信頼のおける相手なのか、などを慎重に調査します。事業はどうやって成り立っているのか、トラブルが起きても対処できるのか、そもそも信頼に値する相手なのかなど、ジャッジすることは大切な要素です。自身で情報をつかみ、考える力がないと、簡単に騙されます。不動産投資は事業なのです。思わぬ不利益を被らないためにも、本書で不動産投資の成功法則を学んでいただきたい次第です。

失敗する人の共通点

営業マンの甘言に乗ってしまうのも、失敗する人の共通点です。日本人は投資に不慣れな人が多く、アレルギーもあるので、あえて「投資」のワードを使わず、「将来の年金対策」、「限られた富裕層向けの資産運用」、「とっておきの私的年金」など、ハードルを下げるセールストークを展開してきます。投資リテラシーの低い人にアプローチして買わせるのが彼らの仕事ですから、心が傾くのは仕方がないところもありますが、ちゃんと聞くと疑問に思う点も出てくるはずです。

例えば、「月々1万円の手出しで将来は賃料がまるまる手に入る」といいますが、投資なのにお金が生まれるどころか出ていくのは、話が破綻しています。マイホームをお持ちの方なら固定資産税や修繕のことは頭にあるはずですが、こと投資物件になると抜け落ちるケースはよくあります。「儲かる」ばかりに気を取られるのも失敗者の共通点で、「投資に伴うコスト」にも目を光らせる必要があります。

失敗事例のAさんは一番購入してはいけない新築区分ワンルームマンションを購入するばかりか、追加で2部屋を買ってしまいました。「目先は手出しがあってもいつか何とかなる」、「将来のためになると営業マンがいっている」など、自身の考えも甘いのですが、購入初年度は不動産取得税や登記費用などの購入諸費用がかかり、確定申告をすれば税金が多少戻ってくるので得した気分になり、次も買ってしまったのです。ですが、これはあくまでも初年度の話であり、以降は異なることに注意しなければなりません。

Bさんは新築区分ワンルームマンションを当て馬にした、中古の区分マンション投資に乗せられました。中古なら新築より利回りが高い、のは事実だったようですがそれでも利回りは低く、将来の経済的安定には程遠い投資パフォーマンスでした。そして融資戦略を最初に考えておらず買い増しが厳しくなる状況に追い込まれてしまいました。中古区分マンション投資自体は、自ら物件を探して自己資金を多めに入れて購入すればよい投資になることはありますが、売主が会社である物件の多くはそうではありません。

そもそも物件の選定が間違っている、表面利回りなど上辺の情報に騙される、相手の言葉を鵜呑みにするなど、なぜ彼らは間違いを犯してしまうのでしょうか。それは、正しく不動産投資の勉強をしていないからです。何事も正しく行うには、理論を理解しないといけません。同僚や上司から勧められた、周りがしているからという理由で数千万円・数億円を借りて始めるなんて、普通に考えたら異常なことです。すべては自己責任ですので、自らが学ぶ必要があるのです。

不動産投資の「成功」とは？

「投資規模○○億円！」「賃料収入○○○○万円達成！」
私は職業柄、インターネットでの検索は不動産関連がどうしても多くなるのですが、上記のような情報・広告に触れることがよくあります。周囲ではこういう方々を成功者と崇め、不動産投資家予備軍の方からすると、彼らのように投資規模を拡大させることや、賃料収入をとにかく上げることが不動産投資の成功と考えているかもしれません。

私が考える不動産投資での成功とは、2つの点を成し得た時だと考えています。それは、「安定収入源の形成（フローの形成）」と、「資産の形成（ストックの形成）」です。

資産運用として不動産投資を行う際、最初に考えるのが「年間の手取り収入がどれくらい欲しいか」ということではないでしょうか。例を挙げると、年収1,000万円の方が「将来に備えて不動産投資で手残り500万円の収入を得たい」という具合です。この方が不動産投資によって年間手取り500万円を達成した時、それは不動産投資で一定の成功を収めたといえるでしょう。

しかし、この状態は本当の意味での成功ではありません。なぜなら、多額の借入が残っているからです。そうした状態で、目標の安定収入源の形成を成し得たとしても、それはまだ道半ばであり、例えば物件購入金額1億円に対して、借入も1億円あるのなら、純資産で見た場合はプラスマイナスゼロということ。その状態はまだ不安定といえます。

不動産投資で最終的に目指すのは、どんな不測の事態が起こったとしても、安定的に収入が得られる状態です。言い換えると、借入返済をどんどん進め、物件の市場価値より借入金額が少なくなり、結果純資産が増えていく状態です。純資産の増大こそが最終的な目標であり不動産投資成功といえるのです。こうなれば、持ち続けて安定収入を得るのもよし、売却して現金化するもよしとなります。皆さんにはぜひこの状態を目指していただきたいと考えています。

昨今の不動産投資ブームを見ると、賃料収入や投資規模の多寡だけを追い求め、その金額が大きいと成功していると評価する風潮があります。そうではなく、一人ひとり不動産投資で得たい手取り収入は異なりますので、それぞれの成功の形・規模があるということです。

なぜ不動産投資なのか、不動産投資でどれくらいの手取り収入をいつまで得たいのかということをよく考えないと、目標と手段をはき違えかねません。それぞれが目指す成功の姿を具体的に、定量的・定性的に決めてから、不動産投資に取り組むべきだといえます。それが経済的安定、ひいてはそれぞれが望む人生を送れることにつながります。

「安定収入源の形成（フローの形成）」と「資産の形成（ストックの形成）」を実現し、不動産投資を成功させるには、先述したように不動産投資のメリットを意識しながら、デメリット・リスクを抑えた運用を心がけることです。そのためには、不動産投資理論を正しく理解する必要もあり、それを詳しく解説したのが本書です。失敗しない、騙されないための知識と理論を網羅したので、最後まで読み終えたころには、これまでと変わった自分に気づくことでしょう。結果、成功する可能性は高くなり、ご自身の人生も豊かになっていくはずです。

図表8　フローの形成とストックの形成

目標	不動産投資で年間500万円のキャッシュフロー（CF）を得たい！

物件取得時の貸借対照表

〈資産の部〉	〈負債の部〉
物件市場価値 2億5,000万円	借入金額 2億5,000万円

資産価値：2億5,000万円
総借入額：2億5,000万円
年間CF　：500万円

◎目標キャッシュフローは達成したが、純粋な資産はゼロで経営が不安定
◎物件市場価値に対し借入金額も同額あるため、本当の意味で資産がある状態とはいえない
総資産2億5,000万円？
→借入金額も2億5,000万円あるので、純資産はプラスマイナスゼロ！

フローの形成はできているが、
ストックの形成はできていない

目標達成？

10年後の貸借対照表

〈資産の部〉	〈負債の部〉
物件市場価値 2億2,500万円	借入金額 2億円
	〈資本（純資産）の部〉 2,500万円

資産価値：2億2,500万円
総借入額：2億円
年間CF　：500万円

◎物件市場価値は経年によって下落していくが、それ以上に借入金額の返済が早ければ、その差額が純資産として積みあがっていく
◎この状態で売却すれば、2,500万円を現金として受け取れるし、持ち続けてキャッシュフローを得つつ純資産をさらに積み上げる選択肢も取れる

フローの形成だけでなく、
ストックの形成もできている

本当の意味での目標達成！

第2章

成功法則①

「エリア」

安定した
キャッシュフローを生み出す
エリアの選び方

不動産投資は初期設定で成否が決まる

本章では、不動産投資を成功に導くための法則のうち「エリア」について解説します。本題に入る前に、改めて不動産投資では「初期設定」がいかに肝心かをお伝えします。

不動産投資は購入時の初期設定を間違うと、いくらその後の管理運営を上手に行ったとしても、リカバリーがかなり困難になります。よって、購入時に適切な条件・設定を行うことが成功への近道です。

ここでは、初期設定の重要性を「①物件検討段階」「②土地・建物割合」「③融資条件」に分けて事例を交えながら説明していきましょう。

①物件検討段階

当社では、収益物件を活用した資産運用を希望している方々を対象に、面談を行っています。これから1棟目を購入しようと考えている方や、すでに数棟保有している方に対し、直接お会いしてコンサルティングを行うのです(コロナ禍を機にリモートでの面談も盛んになりましたが)。人によっては、すでに複数保有しているものの、その後の展開を提案し難いケースがあります。それは、物件購入時の初期設定が誤っている時です。

例えば、キャッシュフローがマイナスになる新築区分ワンルームマンションや、キャッシュフローが薄い中古区分ワンルームマンションを複数戸購入していたりするケースです。一棟物件であってもキャッシュフローが回っていない場合は同様に初期設定としては間違いです。

不動産投資では、物件を複数棟保有することで賃貸経営の基盤を安定化させるとともに、それぞれの物件が相互に補完し合うことで利益の最大化につながります。ですから、投資家それぞれの目標の大小にかかわらず、複数棟で不動産ポートフォリオを構成することが大切で、金融機関から継続して融資を受ける必要があります。

ところが、金融機関が融資をする際は、購入対象物件の他、保有物件も評価の対象となります。評価方法は金融機関によって異なりますが、大前提はキャッシュフローが健全に回っているか、そしてキャッシュフローが累積しているかどうかです。よって、前述のような物件を購入してしまうと、金融機関から次の融資を受けることができず、目標達成が極めて困難となるのです（ただし、多額の現預金・有価証券、抵当権のついていない不動産があれば、融資を受けることは可能ですが、一部の限られた方が対象となるでしょう）。

なぜそのような物件を購入したのでしょうか。相談者に確認すると、「甘い広告に引っかかり、なんとなく会社にいわれるままに買ってしまいました」とのこと。購入後の投資規模拡大で行き詰まったため、相談に来たというわけです。

ここから分かるのは、1棟目でつまずかないためにも、購入前に自分で不動産投資理論をしっかり学ぶとともに、信頼できるプロフェッショナルなパートナーを探すことが、不動産投資の成否を大きく左右するということです。不動産投資で投資規模拡大をするためには、不動産投資で得られるキャッシュフローを積み上げ、次の投資原資にしていくことで、お金がお金を生む仕組み・フローをつくることが大切です。そのためには初期設定がとても大切なのです。

②土地・建物割合

不動産投資で手残りキャッシュフローを大きくするためには、税金のコントロール（タックスマネジメント）が重要です。その鍵を握るのが「減価償却」です。

多少粗いとらえ方になりますが、不動産投資・賃貸経営を行う方にとっての減価償却とは、お金は出ていかないけれども経費にできる、というものになります（減価償却によるタックスマネジメントの詳細は155ページを参照）。

ところが、初期設定で土地と建物の割合を間違った場合、タックスマネジメントは失敗します。通常、収益物件の価格は総額で表示されますが、実際の内訳は土地と建物の価格に分かれます。そして、その割合がタックスマネジメントに大きな影響を与えるのです。

仮に総額1億円の物件の土地・建物割合が5対5の場合、価格はそれぞれ5,000万円です。減価償却は建物のみに適用されるため、建物価格の5,000万円を償却し、費用化します。買主は減価償却費を多く取ったほうが節税効果は高くなるので、建物の割合をできる限り高めたほうが有利になるのです。

当社への相談者が購入した物件の売買契約書では、土地の割合がかなり高めに設定されているケースが見受けられます。この場合、売主側の都合が影響している可能性も考えられます。売主が不動産会社・建設会社の場合、多くが消費税課税事業者になります。消費税課税事業者とは消費税を納める義務がある事業者のことをいいます。建物の売却金額に対して消費税が課税されるため、建物割合をできる限り抑えたほうが売主としては得になるからです。

土地・建物割合の重要性を認識していない不動産会社の場合、無意識に買主に不利な割合で売買契約書を作成しているケースが少なくありません。不動産会社の多くは一般住宅の販売経験は豊富ですが、賃貸経営の税務・会計についてよく理解していないケースが多いからです。

売買契約書に土地・建物金額の明記がない場合は、固定資産税評価額の按分で土地・建物の割合を決めることが多いのですが、築年数が経過した木造物件などでは土地の固定資産税評価額が割合的に大きくなり、結果、減価償却が取れず税負担が重くなり税引後キャッシュフロー（手取り）が少なくなります。

土地・建物割合はあとから変更ができないため、物件購入時に割合をどう決めていくのかを戦略的に考えることが重要です。

③融資条件

不動産投資で投資規模を拡大するには、融資をいかに攻略していくかが重要です。特別の資産背景を持たない方にとっては、毎年得られるキャッシュフローを次の投資原資として再投資することで、規模の拡大が図れます。お金がお金を生み出す仕組みをつくり出すわけです。

よって、融資を受ける際は「できるだけ長く借りる」が基本方針となります。長く借りることで毎年のキャッシュフローを潤沢にし、次の投資に回すのです。または、得られたキャッシュフローを累積させて現金を内部留保することで経営の安定化を図ることもできます。

まれに、物件としては長期借入が可能であるにもかかわらず、あえて10〜15年程度で融資を組み、物件を購入する方がいます。金利負担を避け、将来の金利上昇リスクを見据え早期返済することが目的のようです。

もちろん、この考えも間違いではありませんが、投資規模に対し現預金を多く持っている方や他に大きな収益源がある方以外は、この選択はすべきではありません。万一、有事が発生し、急な出費を迫られた時には対処のしようがなくなるからです。

金融機関は一度貸し出した融資について、金利交渉には応じますが、返済期間を当初より延長することは原則ありません。仮に延長を申し出ると、金融機関側は賃貸経営が当初の想定よりうまくいっておらず、現金が回らなくなった、ととらえるため、今後の融資に大きくマイナスの印象を与えてしまいます。ならば、最初から長期で借りておけば安心ですし、現金が貯まった段階で一括返済も可能なわけです。

ちなみに、他の金融機関に借り換えをする時に、金融機関によっては現在の融資期間をそのまま引き継いでくれることがあります。よって、通常であれば残存耐用年数以内の融資期間しか出さない都市銀行などの金融機関でも、借り換えという形で融資を受ければ長期借入が可能になることがあるということです。ただしその場合、最初に融資を受けた金融機関からは今後の融資が受けられなくなるため、十分な検討が必要です。

以上のことからも、物件を購入する初期段階で融資期間はできる限り長期に組むべきだといえます。

不動産投資は「物件の検討段階」「土地・建物割合」「融資条件」の3点を上手に設定することで、リスクを抑えられます。これらを踏まえたうえで、エリアについても考えましょう。

住みたいエリアと投資エリアは分けて考える

物件を購入する際のエリア選定は大変重要です。しかし、投資家のなかにはエリア選定の考え方を間違えている方が少なくありません。よく見られる誤りは、自分が住みたいエリアに狙いを定めて物件を探してしまうことです。

㈱リクルート住まいカンパニー社が毎年発表している「関東　みんなが選んだ住みたい街ランキング2020」によると、20〜40代の回答は1位から順に「横浜」「恵比寿」「吉祥寺」「大宮」「目黒」「品川」「新宿」「池袋」「中目黒」「浦和」と続きます。

関西では、同じく20〜40代の回答は「西宮北口」「梅田」「神戸三宮」「なんば」「天王寺」「夙川」「江坂」「千里中央」「岡本」「京都」でした。

関東・関西ともにベスト10に選ばれたのは誰もが知る人気のエリアで、住む街としての魅力は高く、実際に自分が住む物件を探している人にとっては好条件といえます。賃貸物件に住んだり、自宅を購入する場合は、このように「自分が住みたいエリア」で絞り込んで一向に構わないでしょう。皆さんも、実際にこうした視点で選んでいると思います。

ところが、収益物件の場合は別の視点を持たなければなりません。特に、物件購入代金の多くを融資で調達し、資産運用をしたい方にとっては自宅購入時と投資時のエリアに対する考えは全く異なります。物件金額の高さに比例して賃料も高くなれば投資対象として十分考えられますが、実際はそのようにはなりません。

例えば、全く同じ一棟収益物件が不人気エリアと人気エリアにあったと仮定します。物件金額が不人気エリアで5,000万円、人気エリアで2倍の1億円で取引されている場合、不人気エリアでの賃料が5万円なら人気エリアの賃料が2倍の10万円になるかといえば、そんなことはありません。高くなってもせいぜい2～3万円程度です。

物件金額が高く賃料収入は少ないと利回りが低下します。低い利回りの物件に対し、金利3～4%の融資を受けて無理に購入してもキャッシュフローが出ないのです。特別な資産背景を持たない方の資産形成初期の局面では、自分の住みたいエリアと投資エリアは切り分けて考え、投資効率の高さに主眼を置いて物件を選定しなければなりません。

東京都内人気エリアの収益物件の実質的な利回りは3%台となっていますが、こういった物件を融資割合が高い状態で購入してもキャッシュフローは回りません。富裕層の相続税対策であったり、現金購入できる人であれば投資として成り立ちますが、一部の方に限られるでしょう。

憧れの場所に不動産を保有することでステータス感を得たり、資産性の高い物件を持ちたいという気持ちは理解できます。しかし、はじめからそういった不動産投資ができるのは潤沢な現預金・金融資産がある富裕層の方のみです。多くの方にとっては、まずはキャッシュフローの出る物件を購入し、キャッシュフローを積み上げ再投資原資として物件を追加購入し、適宜物件を組み替えながら投資規模を拡大し、最終的に人気立地の物件を自己資金を多く投下して購入すればよいのです。一人ひとりの属性（年収、金融資産）と目標によって、物件購入の進め方が全く異なることをはじめに理解してください。

キャッシュフローが長期的に見込める、一定の賃貸需要があるエリアを見極める

安倍前政権発足時から始まった政府の経済政策（アベノミクス）による期待感から、株式市場は一気に好転しました。令和2年は新型コロナウイルスの影響で一時急落しましたが、その後は先進国を中心に世界的な金融緩和政策により資金の供給過多がおき、株式市場に流れ込んだ結果、日経平均株価は30年6カ月ぶりの3万円台の大台に乗りました（令和3年2月）。

こうした株式市場の盛り上がりと並行し、東京オリンピック・パラリンピックに対する期待、コロナ禍までの外国人旅行者の急増によるインバウンド需要などの影響で、東京などの都市部を中心に地価が上がり続けており、同時に収益物件の価格も上昇が続いてきました。

日本銀行によると、金融機関の不動産向け融資が2016年にバブル期を超え過去最高を記録しました。これは不動産投資信託（REIT）向け融資が増えたことや、2015年の相続税増税に端を発した土地活用・相続税対策による新築賃貸住宅への融資、そして機関・個人問わず不動産投資への融資などの急伸によるものです。このように、現在の不動産マーケットはバブルとまではいわないものの、かなり活況を呈しています。

収益物件のなかでは、一般の個人投資家が購入する価格帯の物件も価格が上昇し、利回り低下が続いています。全国的に値上がり傾向で、特に首都圏エリアはその動向が顕著です。少し前であれば融資を受けての不動産投資で十分キャッシュフローが得られる物件がありましたが、今では自己資金を多く入れなければキャッシュフローが回らない物件ばかりになっています。キャッシュフローが回らなくても借入金額の返済が進む一方で収益物件金額が下がらない、あるいは上昇すれば売却によるキャピタルゲイン狙いの不動産投資は成り立ちます。しかしそういった投資はバブル期に流行った不動産投資に近くハイリスクです。

本書が推奨するのは賃料収入によるインカムゲインを前提とした安定収入源の確立、そして純資産の拡大です。その目標を実現するためには今まで以上にエリアや物件を精査しないといけません。

東京は日本の首都であり、ヒト・モノ・カネが集まりやすいという、圧倒的な強さを持っています。人口は約1,400万人と群を抜いていて、これに神奈川県、千葉県、埼玉県を加えた首都圏広域だと、約3,600万人です。日本人の約25%はこのエリアに住んでいます。一部のエリアでは人口が減っていくとされていますが、主だった場所は少子高齢化であっても人口転入超過により、底堅い賃貸ニーズがこれからも期待できます。

人口の多さは経済規模に比例します。都内総生産は107兆7,000億円と、これは国内名目GDPの約20%を占めるほどの規模。一都三県になると、30%を超えます。ご存じの通り、東京にはグローバル企業の本社が多く、従業員数100人以上の事業所の所在地は、東京都に4割近くが集中、首都圏だと約47%に達するのです。

電車やバスといった公共交通網も網の目のように張り巡らされています。JRや私鉄を使えば東京や上野、品川、渋谷、新宿、池袋といった主要ターミナル駅から30分〜1時間もあれば他県へ移動ができ、それが日々の通勤を可能にしています。近年は上野東京ライン、相鉄線とJR東日本、東急線の相互乗り入れが始まるなど、さらなる利便性の強化にも余念がありません。2021年2月には、JR東日本が計画している新路線「羽田空港アクセス線」の一部で事業申請が許可されました。こうしたこともあり、都心と郊外の距離はさらに近くなりつつあります。新型コロナウイルスの影響でテレワークが増えたことにより、都心から神奈川の茅ヶ崎や藤沢、埼玉の大宮などに引っ越す人も増えていて、郊外の賃貸需要も堅調です。

首都圏には東京大学や慶應義塾大学、早稲田大学など、全国的に知名度の高い大学が名を連ねているのはご存じの通りです。かつては郊外にキャンパスを構えていましたが、近年は都心回帰がトレンドで、他にも拓殖大学や実践女子大学、杏林大学など、都心に移ってきた大学名を挙げればキリがありません。地方と異なり若年層の人口も一定は維持でき、学生の多くは賃貸物件に住みます。

渋谷や西新宿、品川～高輪ゲートウェイでは再開発が進められていて、今後もあらゆるところで大規模なプロジェクトが控えています。商業施設も続々とオープンし、観光資源は豊富です。コロナ禍が落ち着けば、国内のみならずインバウンドも回復するでしょう。

さらに東京が強いのは、その経済規模の大きさから周辺の神奈川、千葉、埼玉にも恩恵を与えていることです。もちろん、各エリアで産業が発展しているばかりか、都心のベッドタウンとして機能しているので、首都圏広域で人口・経済規模は揺るぎようがありません。当然ながら、圧倒的な賃貸需要を誇っています。

このように東京を含む首都圏エリアは、「人口」「経済」「不動産市況」のそれぞれで高いポテンシャルがあり、底堅い賃貸需要をキープしています。これらエリアで不動産投資を始める方が多いのも、納得の話です。その優位性は、揺るぎそうにありません。さらに、2050年まで東京圏の人口が総人口に

図表9　東京圏の人口が総人口に占める割合

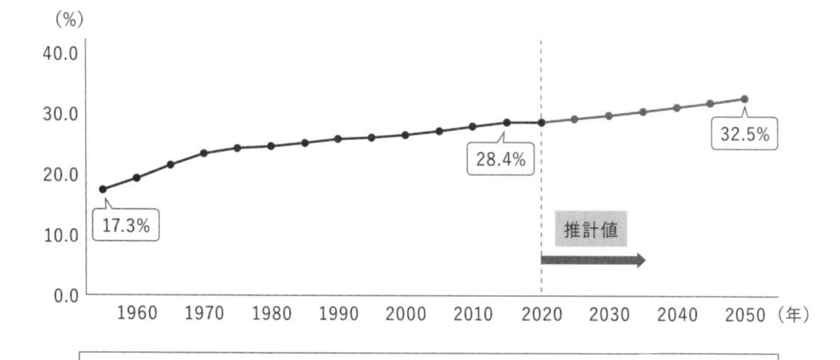

人口減少社会の中にあっても、東京は人口が増えることが予想されている

出典：総務省統計局「国勢調査」及び国土交通省「国土の長期展望」中間取りまとめを元に、総務省市町村課にて作成

占める割合は増えることが予想されています（図表9）。

一方、首都圏の利回り低下を嫌い、札幌、福岡、名古屋、大阪（関西）などの地方の物件に新たな活路を見出す不動産投資家も多いです。

ただし、地方は地方で固有のリスクがあります。一番は将来の賃貸需要が先細りする可能性が高いことです。先に紹介した通り、現在地方では相続税対策としての賃貸アパート・マンションの建築ラッシュが続き、新築物件の供給数も増加の一途を辿っています。人口減少と競合物件の増加により、中長期的に見れば賃貸の需給バランスは大きく崩れていくでしょう。

地方物件への投資を考えた場合は、一定の都市規模を有するエリアでの投資にするべきです。最低でも50万人以上、できれば政令指定都市が望ましいといえます。

しかしながら、政令指定都市であればどこでもよいわけでもありません。都市によっては需給バランスが大きく崩れているところがあるからです。

例えば、札幌と福岡は以前より国内外の不動産ファンドやREIT各社が進出し、賃貸マンションを相次いで建設してきました。それに合わせるようにアパートビルダーも土地オーナー層への土地活用の営業展開を積極的に行い、マーケットはすでに供給過剰の状態です。地方物件ですから一定の表面利回りは見込めたとしても、入居者獲得競争が激しく、空室率の上昇、入居者獲得コストが重くのしかかり、収益性が低く、投資対象エリアとしては個別の物件をきちんと厳選しなければなりません。

名古屋市を中心とする名古屋都市圏は、名古屋市だけでも人口200万人を超え、地場産業の経済力も底堅く、投資対象エリアとして今後も期待できると思います。

当社創業の地である大阪を中心とする関西圏も個人投資家の方にとって、お勧めのエリアだと考えています。その理由は次の通りです。

将来的に首都圏以外の地方は人口が減少するといわれているものの、現在の関西圏（大阪府、京都府、兵庫県、奈良県、和歌山県）は、首都圏の約3,600万人に次ぐ約2,000万人の人口規模。国内で人口100万人以上の都市は、東京都区部を始め横浜市、大阪市、名古屋市、札幌市、福岡市、川崎市、神戸市、京都市、さいたま市、広島市、仙台市と12都市あり、そのうち3つが関西エリアです。

さらに、京阪神エリアは鉄道を使って30分程度で移動ができるため、観光やビジネスで地域連携しやすい利点があります。100万人以上の都市が3つ、さらに30万人以上の県庁所在地が3つもある都市群ですから、長期的には人口減少が予測されているとはいえ、その減少率は全国の他の地方都市に比べると低いと考えられます。

関西は経済規模でも首都圏に次ぐ国内2位（国内GDP比で約20％）の巨大都市圏です。これはオランダやトルコに匹敵する経済規模となっています（図表10参照）。

また、関西には京都大学、大阪大学、神戸大学をはじめ医学部を持つ大学が多く、医療産業の集積地として国際的にも認知されています。

豊富な観光資源を持つことから、コロナ前には訪日外国人数の伸び率が東

図表10　関西経済規模はオランダ・トルコにも匹敵

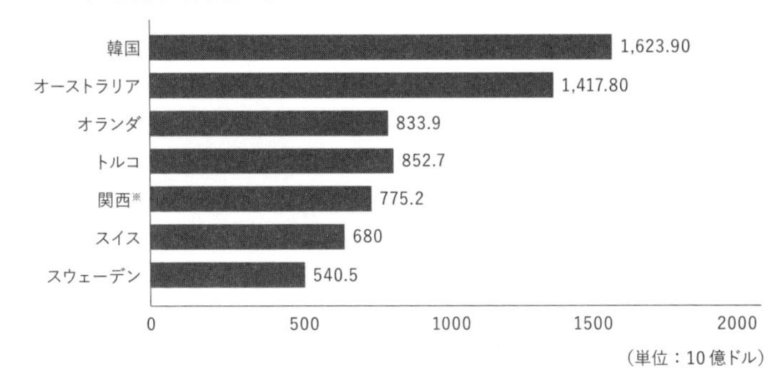

出所：内閣府経済社会総合研究所「平成29（2017）年度県民経済計算について」

注1）OECD諸国については平成30年度国民経済計算年報の2017暦年の数字。オーストラリアは2017年度の数字。ASEANについてはIMF "World Economic Outlook Database, October 2019" による。

注2）関西の数値は、滋賀県・京都府・大阪府・兵庫県・奈良県・和歌山県の合算

注3）県内総生産換算レートは、平成30年度国民経済計算年報の2017年度の円（四半期）の4期単純平均値（1ドル＝110.81円）を用いた。

京を抑え全国1位になったこともありました。大阪市や京都市を中心に、ホテルの建築ラッシュとそれに伴うホテル用地や商業地全体の地価高騰が続いています。2025年には大阪万博の開催が決まり、大阪市湾岸地区にカジノを含む総合型リゾート（IR）の誘致構想など、国・地方自治体・経済界が一体となって関西圏を盛り上げています。アフターコロナでは、かなりのインバウンド需要を見込むことができます。

このように関西エリアも、高いポテンシャルがあり、京阪神エリアを中心に賃貸需要も底堅い状況が続いています。一部のエリアを除くと、札幌や福岡のように賃貸物件は供給過多の状況には至っていません。

長期的な賃貸需要を考えると、首都圏・関西圏の収益物件に投資していくのがよいというのはここまでの話でご理解いただけたと思います。当社が現在、首都圏と関西圏で事業を展開しているのは、首都圏に関しては圧倒的な

優位性を見込むことができ、関西では私の経験と実績があるためです。

さらにお勧めしているのは、首都圏と関西圏の両方に物件を持つことです。ご存じの通り、日本は地震大国で、いつどこで何が起きても不思議ではありません。近年は台風や豪雨による被害が全国各地で起きています。こうした場合、片方のエリアが被災して賃貸経営がうまくいかない状態になっても、もう片方のエリアで物件を保有して賃料収入が確保できれば、全体として賃貸経営を維持することができます。「卵は1つのカゴに盛るな」とは有名な投資格言で、これは特定の商品だけに投資をするのではなく、値動きや特性などが異なる複数の商品に投資を行い、リスクを分散させるという教えです。不動産投資でも実践できる格言だと思います。

もちろん、首都圏や関西圏であれば、どこでもよいわけではありません。

首都圏の場合は、都内中心から1時間〜最大でも2時間以内と考えています。道路で示すなら、神奈川県横浜市西区を起・終点で首都圏を環状に結ぶ「国道16号線」の内側です。西は八王子市、北はさいたま市、東は千葉市まで及び、この範囲内であれば都内のビジネス街やその他主要エリアにも通うことができます。関西は首都圏ほど都市の規模が大きくないので、大阪や神戸、京都それぞれの中心部から30分ほどの距離です。西は明石市、東は京都市までの京阪神エリアのイメージです。そこまでなら通勤人口が多く、賃貸経営における空室リスクを抑えやすいと考えられます。

一般的に、収益物件の投資エリアを検討する際、判断材料として次のようなポイントがあります。

- **人口動態から人口増加（あるいは減りにくい）が見込める地域か**
- **駅から近いか（特に単身者向けの場合）**
- **最寄駅の1日の乗降客数が一定数以上あるか**

不動産投資関連書籍などでも投資のセオリーとして謳われており、こうした物件であれば入居付けも比較的苦労しないでしょう。しかし、条件を満たす物件は多くの人が所有したいと考えるので、やはり物件金額は高くなり、融資割合が高い投資の場合はキャッシュフローが回りにくい状態になります。

前項で述べたように、近年の景気上昇を受けて不動産価格は上昇し、コロナ禍でも状況に変わりはなく、収益物件の利回りは低下しています。東京都周辺では表面利回りが4〜6%台（構造・築年数によって異なる）で、購入代金の大部分を融資で賄う一般投資家は、キャッシュフローを得にくくなっていることは事実です。

東京都心の一等地にマンションを所有しキャッシュフローを確保するには自己資金を一定金額以上投入するしかなく、そのような投資ができるのは、現預金など金融資産を潤沢に保有する限られた一部の方のみです。こうした方たちは、もともとある資産の運用先として収益物件を購入しているにすぎません。あくまでも分散投資、資産防衛の観点で現金を不動産に換えているという感覚です。

これから資産形成を図る方の場合、投資できる自己資金が限られていることが多いため、投資対象の物件はキャッシュフローに重きを置くべきです。キャッシュフローを積み上げ、次の再投資原資にするのです。そうした考えに基づくと、投資対象は都心一等地の資産性は高いけど利回りの低い物件ではなく、購入資金の大部分が融資利用だとしてもキャッシュフローが回る物件となります。

例えば東京なら港区や中央区、千代田区といった都心3区、これに渋谷区と新宿区を加えた都心5区は、前述したような一等地です。借入をして物件購入する場合にはキャッシュフローを生む不動産投資に向いていません。それよりは、23区であっても練馬区や北区、足立区、大田区などのエリアや調布市などの都下、さらには神奈川県なら川崎市や横浜市、埼玉県なら川口市やさいたま市など、隣県の物件が投資対象のエリアになります。

その際は、首都圏へのアクセスも考慮するとよいでしょう。JR東日本なら中央線沿線、地下鉄なら東西線、小田急線や京王線など都心のターミナル駅につながる私鉄の沿線は、賃貸ニーズの高いエリアです。

一方、関西はエリアにもよりますが、賃貸需要のバランスが取れていながらも首都圏より平均して1～2%ほど利回りが高く、キャッシュフローが得やすい相場です。梅田など主要なエリアに電車で30分～長くても1時間程度の範囲であれば賃貸需要が一定数存在します。入居者募集さえできれば、大都市近郊の物件は一定以上の利回りで購入できる可能性があるでしょう。首都圏同様、関西圏も鉄道網が発達しているなど各地へのアクセスの利便性が高く、都市部周辺にベッドタウンがいくつか存在しています。そうしたエリアへの投資を検討するのも有効ということです。

ただし、首都圏・関西圏のどちらで物件を保有するにしても、エリアの特性は理解しておくことです。近年は関東の不動産会社が地方の物件を扱い、首都圏在住の投資家に販売するケースが増えました。会社としては投資家にお勧めの物件を紹介しているつもりでしょうが、実際にはエリアの特性をよく調べないまま、表面利回りだけを参考に扱っているに過ぎません。つまり土地勘・賃貸相場感のない会社が、土地勘のない投資家に物件を販売しているのです。入居者募集が不動産投資の成否を大きく左右するにもかかわらず、エリアの賃貸マーケットを熟知した人が誰もいないなか、収益物件の売買が成立している――。冷静に考えれば危険だと分かるはずです。現地のマーケットや賃貸需要といった地域特性を熟知した不動産会社をパートナーにしなければなりません。特に入居者募集がしっかりとできる管理会社でなければ、優良物件を取得できたとしても、その後の管理運用の不備で収益性を下げかねないからです。

地域のマーケットをよく知る不動産会社や管理会社に意見を聞いて、その地域を熟知したパートナーを得ることがリスク回避につながります。

エリア選定の際に注目すべきポイント

不動産投資に関する書籍などでは、「○万人以上ならOK」「○千人以下なら避ける」など、最寄り駅の1日の乗降者数もポイントに挙げています。もちろん、誰も寄り付かないところだと考えもので、一定数はほしいところですが、結論からいうと、これまで挙げた首都圏や関西圏であれば、さほど気にする必要はありません。

現在、当社では3,000戸超の物件を管理し、入居率は98％超と、ほぼ入居者で埋まっている状態です。管理物件の多くが当社で開発し顧客に提供した物件なのですが、物件を仕入れる際は当社は最寄り駅の乗降客数は全く見ていません。それでも、これだけの高い水準はキープできるのです。

むしろ大事なのは、最寄り駅の先にあるターミナル駅および周辺エリアとの需給バランスでしょう。

関西圏で例を挙げれば、阪急電鉄の上新庄駅は、大阪の中心街までアクセスのよいところで、乗降客数の1日平均は約5万人（2019年）で、同社のなかでは10位となっています。ところが、同エリアには、平成初期に建てられたバスとトイレ、洗面台が一緒になった「3点ユニット」物件が多いのが特徴です。当時はそれがトレンドでしたが、今はそれぞれ独立している物件が好まれるので客付けに苦労し、入居率は高くなりません。

要するに、駅を往来する人は多くても、周辺の賃貸物件が人気かどうかは別の話です。それより、乗降客数が少なくても時代に合った設備や間取りで、周りに競合する物件がないほうが圧倒的に有利になります。ターミナル駅にある賃貸仲介会社も、来店者の要望に応じて近くの賃料が高い物件より、2～3駅先のリーズナブルな物件を紹介するのです。

購入前に現地調査は必ず行う

前項で挙げた条件を満たす物件を見つけたからといって、すぐに飛びついてはいけません。購入前には、必ず現地調査をしましょう。いくらエリア・利回りがよくても、建物の老朽化が著しいと入居付けに苦労したり、修繕に費用が掛かると最終的な利回りは低下します。細かい話ですが、外壁のひび割れや鉄部のさび、受水槽や貯水槽、浄化槽の有無、物件の管理状況など、立地や建物の状況は見て確かめる必要があります。

土地の状況も確認します。例えば、建物の敷地と道路には深い関係があり、建築基準法43条では、建物の敷地は幅員4m以上の道路に2m以上（共同住宅は4m以上）接しなければならないと定められています。こうした条件を満たしていない物件は再建築ができず、売りたくても買い手が非常に見つかりにくいのです。他にも、隣地との境界は表示されているのか、越境物はないか、いくつも見ておくべく点があります。

周辺環境もチェック項目です。最寄駅からマンションまでの間にコンビニやスーパーがあるのか、病院やクリニックの有無を気にする人もいます。近年であれば災害リスクも考慮して、谷のような場所は避けた方が無難かもしれませんし、現地に行くことで騒音状況や、街の空気感を肌で感じとることができます。

現地調査をしないと分からないことは多く、当社の場合は必ず社員が物件まで足を運び、細かくチェックしたうえで、物件の可否を判断しています。よって、扱う物件は厳しい審査をクリアしていますが、購入者にも同じく現地に足を運んでいただき、周辺や物件をその目で確かめていただきたいと考えています。いくつかポイントをまとめましたので、ご参考ください。

図表11　現地調査で収益物件を見る3つのポイント

事前に準備するもの

◎**当該物件の資料**　◎**住宅地図**　◎**カメラなど**

ポイント① 周辺環境・立地条件

◎最寄駅からの距離
（実際歩いてみると物件情報とは異なることもある）
◎生活施設（コンビニやスーパー、フィットネスクラブなど）
◎公共施設や医療機関などの有無

ポイント② 土地の状況

◎幅員4m以上の道路に接道しているか
◎土地の形状　◎道路接道は何メートルか
◎隣地との高低差　◎土地の境界が表示されているか
◎隣地に越境物はないかなど

ポイント③ 建物の状況

◎外壁のひび割れ、タイルの浮き沈み、鉄部のさび等
◎物件の管理状況、受水槽、貯水槽、浄化槽があるか
◎消火器、自動火災報知器、誘導灯の有無
◎敷地内に電柱はあるか
◎ネット環境（多くは建物に掲示されている）
◎付帯収益となるものがあるか
（自動販売機、携帯アンテナ、太陽光パネル）

第3章

成功法則②

「指標」

正しい理論で
投資を判断する

「表面利回り」に惑わされてはいけない

本章では、不動産投資で押さえておきたい「指標」について解説します。

現在、書籍や雑誌、ネットには不動産投資に関する情報であふれています。多くの投資家予備軍はこれらで学び、物件購入に進みますが、そこで学ぶ内容に間違いや誤解があると、投資として上手くいきません。ここでは、不動産投資の成否を握る代表的な指標を挙げ、正しい知識を身に付けていただきます。

まず、理解していただきたいのは、物件の収益力を図る代表的な指標として知られる「表面利回り」についてです。表面利回りが高いと買ってよいという見方をする投資家が多いのですが、正しいとはいえません。昨今の不動産投資ブームの影響で、指標の本当の意味、本来見るべき値を理解しないまま投資をする方がかなり多く、人生が狂ってしまった方を多く見てきました。ですから、これから紹介する内容はよく理解していただきたいと思います。

投資家の方々が物件を検討する際、まず意識を向けるのが「利回り」です。ポータルサイトや物件資料に掲載されている「利回り」は、正確には「表面利回り」を指します。

表面利回り【%】＝年間満室想定賃料÷物件金額

これは、年間の満室想定賃料を単純に物件金額で除算した数値だというのは周知の通りです。日本国内の収益物件の利回りは、この表面利回りで表示されるケースが一般的なので、投資判断をする際に第一に確認する指標として意味を持っています。

ただし、この数字は物件の正確な利回りを表していません。保有期間中に年間を通じて満室を維持できることはなく、空室や滞納が発生するため、年間満室想定賃料を実際の運用時に期待するのは現実的ではないのです。表面利回りに惑わされてしまうと、その利回りで投資できていると勘違いをおこし、結果全く儲からない物件を購入しかねません。定期預金の利回り（金利）と同じ感覚で収益物件の表面利回りをとらえてはいけないのです。実際、新築・中古区分ワンルームマンションを購入されている方のなかに、このように考えている方が多いように感じます。

では、表面利回りを参考にしながらも、その物件の収益力をより具体的に把握するためにはどうすればよいのでしょうか。

まず、年間を通じて常に満室ということはあまりなく、また賃料滞納が発生することもあるため、その損失分を考慮した賃料を求める必要があります。これを「実効総収入」と定義づけます。

 **実効総収入＝年間満室想定賃料－空室・滞納損失**

この空室・滞納損失をどの程度見ておくとよいかですが、物件により異なりますが新築なら年間満室想定賃料の2〜5％、中古なら5〜10％くらいの想定でよいでしょう。入居率が高い募集方法が取れる場合は、これより小さい値でもよい場合もあります。

さらに、物件を保有しているとさまざまな「運営費用（ランニングコスト）」が発生します。具体的には、「管理会社に支払う管理手数料」「建物管理費用」「水道光熱費」「固都税（固定資産税・都市計画税）」「原状回復費用」「修繕費用」などが挙げられます。いくら実効総収入が高くても、運営費用が過大に発生する物件だった場合、手残りは少なくなります。よって、先に求めた実効総収入から運営費用を控除すれば、正確な収入を導き出せます。これを「純営業収益（NOI：Net Operating Income）」といいます。

 **純営業収益（NOI）＝実効総収入－運営費用**

このNOIが物件の本当の収益力を表しています。捉え方としては、物件を現金購入した場合の、投資家が受け取る「税引前キャッシュフロー（以下、税引前CF）」となります。税金を支払う前の手取り収入ということです。

実際は、多くの投資家は融資を受けて物件を購入しますので、最終的な税引前CFは金融機関への元金と利息の返済金額を引いた金額です。

 **税引前CF＝NOI－元利返済額**

不動産投資・賃貸経営を始めるにあたり、最低限ここまでは収支計算をしなければなりません。

そして、ここから所得税・住民税・法人税などを引いたものが、「税引後キャッシュフロー（以下、税引後CF）」です。

 **税引後CF＝税引前CF－納税金額**

収益力は総収益率FCRに表れる

ここまでの解説で、年間満室想定賃料をベースにした表面利回りという指標では投資利回りの本質を表していないことが分かります。

では、意味のある本当の利回りはどういったものか。それは、NOIを物件金額に購入諸費用を加えた総投資金額で除算して求められる「総収益率（FCR：Free and Clear Return）」です。

 **総収益率（FCR）【%】＝NOI÷総投資金額（物件金額＋購入諸費用）**

ポイントは、物件金額で除算するのではなく、「購入時に投下したすべての金額」で除算することです。FCRは大雑把に「ネット利回り」ともいわれているのでご存じの方も多いのではないでしょうか（正確にはネット利回りは、NOIを物件金額で除した値と定義されるので厳密には異なります）。このFCRが一番厳しい条件で導き出された利回りであり、この数値で投資判断することが大前提となります。

図表12　キャッシュフローの導き方

年間満室想定賃料
▲空室・滞納損失

実効総収入
▲運営費用

NOI（純営業収益）
▲元利返済額

税引前CF
▲納税金額

税引後CF

CHAPTER 1
CHAPTER 2
CHAPTER 3
CHAPTER 4
CHAPTER 5
CHAPTER 6
CASE STUDY

ここで、簡単なモデルケースを事例に紹介してきた指標を活用してみます。指標を理解すると投資判断に幅が出てきます。

物件A、Bともに表面利回りは8.0%です。では総収益率FCRはどうなるでしょうか。

物件Aにはエレベーター、受水槽、自動火災報知器など、点検が必要な設備が多く付いており運営費用は200万円。物件Bはエレベーターや受水槽など点検設備が少なく、運営費用は100万円です。

まとめると、次のようになります。

物件A

NOI＝実効総収入700万円－運営費用200万円＝500万円
FCR＝NOI 500万円÷総投資金額1億700万円＝4.67%

物件B

NOI＝実効総収入700万円－運営費用100万円＝600万円
FCR＝NOI 600万円÷総投資金額1億700万円＝5.60%

このように同じ表面利回りでも、総収益率FCRで比較すると1%近くも利回りが違うことが分かりました。

表面利回りは単純に求められるので、使いやすい指標ではあります。しかし、投資判断の際は空室や滞納損失を考慮し、さらに運営費用を確認することで、正しい投資判断ができるようになるのです。この違いをしっかりと理解し、表面利回りに惑わされないようにしましょう。

図表13　運営費用の違いによるFCRの差

共通条件	物件A	物件B
物件金額	1億円	
購入諸費用	700万円	
総投資金額	1億700万円	
満室想定賃料	800万円	
表面利回り	8.00%	
空室・滞納損	100万円	
実効総収入 (満室想定賃料 －空室・滞納損)	700万円	

個別条件	物件A	物件B
運営費用	200万円	100万円

投資指標	物件A	物件B
NOI (実効総収入－運営費用)	500万円	600万円
FCR (NOI÷総投資金額)	4.67%	5.60%

同じ表面利回りであっても運営費用の違いにより
真の利回りである総収益率FCRは異なる

本当の「イールドギャップ」を知る

融資を受けて不動産投資をする前提の場合、NOI、FCRとともに重要となる投資判断の指標が「イールドギャップ」です。不動産投資に関する書籍やブログなどには、「物件の表面利回りと借入金利の差」をイールドギャップといい、表面利回りが高くても借入金利が高ければその差を大きく取れないので利益が残らない、などと解説されています。例えば表面利回り10%の物件を購入し、金利3.0%で資金を調達した場合、イールドギャップは7%ということです。

この解釈ですが、実は完全な間違いです。実際に物件を購入した方は経験があると思いますが、融資を受ける際に金融機関から提示される条件は「融資金額」「金利」「返済方法」です。これらの条件をもとに月々の返済額が確定します。

ところが、先ほどのイールドギャップの解釈では「融資期間」の要素が入っていません。これでは本当のイールドギャップを求めることはできませんし、投資判断を誤ります。

仮に間違えた定義によるイールドギャップ7%以上を投資の期待値としましょう。その場合、次のような物件は投資対象になり得るでしょうか。

ケーススタディ1

【概要】

物件金額	1億円
年間満室想定賃料	1,000万円
表面利回り	10%

借入金額	9,000万円
金利	3.0%
融資期間	10年
元利返済額	1,040万円

先ほどの間違った定義で考えると、イールドギャップは7%となりますが、この条件ではインカムゲインを狙った不動産投資においては、投資対象になりません。簡単に計算しましょう。

【計算条件】

空室・滞納損失	年間満室想定賃料の5%
運営費用	年間満室想定賃料の20%

実効総収入	950万円	(1,000万円－1,000万円×5%)
NOI	750万円	(実効総収入950万円－運営費用200万円)
税引前CF	▲290万円	(NOI 750万円－元利返済額1,040万円)

結果としてマイナスになりました。このように、間違ったイールドギャップの定義では正しい投資判断ができないのです。もちろん、イールドギャップだけを見て投資判断される方は少ないと思いますが、間違った定義のイールドギャップでは全く意味を持たない数字であることはご理解いただけたのではないでしょうか。

では、正しいイールドギャップはどうすれば導き出せるのでしょうか。そこで必要となるのが「ローン定数K（単位%）」という指標です。これは、金利と融資期間で決まる指標で、総借入金額に対し年間でどの程度の割合で元利返済しているのかを示します。借入金額に対する支払い負担率のようなイメージです。

ローン定数Kは次の計算式で求めることができます。

 **ローン定数K【%】＝元利返済額÷総借入金額（残高）**

そして、総収益率FCRとローン定数Kの差が正しいイールドギャップとなります。

 **イールドギャップYG【%】＝FCR－K**

ローン定数Kの数式には“元利返済額”とあるように、融資期間の要素が入っていることが分かります。同じ借入金利であっても、融資期間が長ければ年間の元利返済額は小さくなるので、ローン定数Kも小さくなります。ローン定数Kが小さくなればFCRとの差が大きくなるため、イールドギャップが大きく取れる、つまりキャッシュフローが大きくなることにつながるのです。

イールドギャップを理解するために、私は「不動産投資は金融機関との共同事業」と提唱しています。例えば一般の事業であれば、共同事業者からは「出資」という形でお金を出してもらい、プロジェクトの利益分配は当然出資割合に応じて行います。

一方、不動産投資では「融資」という形で金融機関からお金を出してもらっているため、利益分配方法は融資割合に応じてではなく別のルールがあり、その分け方を決めるのがイールドギャップである、ということです。

さらに詳しく述べると、収益物件から発生する純営業収益（NOI）の分配方法において、借入から発生するNOI部分のうちローン定数K％相当は金融機関の元利返済に充てられ、投資家は残りの部分であるイールドギャップ%相当のキャッシュフローを得る、ということになります。

言葉では分かりにくいので事例を示します。

図表14　イールドギャップのイメージ

条件

物件金額	9,500万円
購入諸費用	500万円 ※総投資金額：1億円
総収益率FCR	8.0%
借入金額	9,000万円（金利：3.5%、返済期間：25年、ローン定数：6.0%）
自己資金	1,000万円

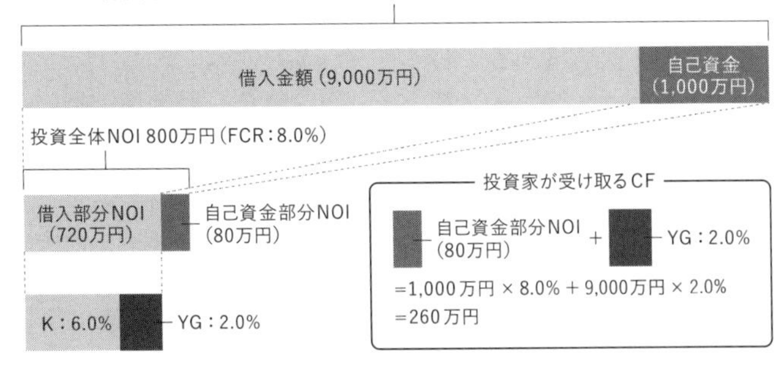

つまり、不動産投資のキャッシュフローを分解すると、

 **税引前CF＝自己資金×総収益率FCR＋総借入金額×イールドギャップYG**

となっていることが分かります。

投資家がキャッシュフローをより高めるための選択肢は2つあり、「①自己資金を増やす」、「②イールドギャップをより大きく取る」となります。

①の自己資金を増やすのは、追加で出せる分があるのなら、他の物件の購入時に投下したほうがよりキャッシュフローを得られるため、選択肢からは外れます。そうなれば②となりますが、イールドギャップをより大きくすること＝ローン定数Kを低くすることであり、ローン定数を低くするためには、より低金利で借りるか、融資期間をより長期にする、ということになります。

融資期間を長く取る際の注意点としては、融資期間が長いので元金債務が減りにくく、出口戦略をどうするのか、シミュレーションが必要なことです。

このように、正しいイールドギャップが理解できると、融資を受けての不動産投資でキャッシュフローを最大化させ、投資パフォーマンスを高める方法を賢く選択できるようになります。

イールドギャップは新築で1.0～1.5%、中古で1.5～2.0%以上を目標にする

当然、イールドギャップは高いほうが望ましいのですが、最低何％以上は必要と考えればよいのでしょうか。低過ぎると収入に対して支出の余裕がなく、空室が増えたり不測の修繕などが発生すればキャッシュフローがマイナスになる可能性が高くなるため、適正値の目安は押さえておきたいところです。

前提として、イールドギャップは投資の初期段階の判断で用いる指標です。これまで紹介してきた投資指標はあくまでもその時点での値であり、時間の経過とともに変化します。総収益率FCRは時間経過とともに賃料下落や空室率の増減によって変動しますし、ローン定数Kは金利が上昇したり、元金返済が進むと変化することに注目してください。

多くの方は元利均等返済、すなわち金利変動がなければ元利返済額は一定、という借り方をしますが、時間の経過とともに借入残高は毎年減っていきます。ローン定数Kは購入初期が一番低く、計算式の分母である借入金額の返済が進むにつれて毎年上昇していく値なのです。投資の初期段階の指標というのはそういう意味です。

これを踏まえたうえで、よくある投資条件での判断基準を考えてみましょう。

投資家の多くはフルローン（物件購入金額の全額の融資を受けること）、あるいはそれに近い条件での投資を希望していることでしょう。当社ではリスクを抑える観点から、一定以上（10%以上）の自己資金の投下を推奨しています。また昨今は金融機関の融資姿勢が厳格化傾向となっており、以前のようなフルローン・オーバーローンは難しく一定の自己資金を求めることが一般的になっています。とはいえ、多くの投資家は自己資金を可能な限り抑えて不動産投資したいと考えているはずです。

ではフルローンで物件を購入する場合、どの程度のイールドギャップを目標にすればよいでしょうか。キャピタルゲイン狙いの投資ではなく、インカムゲイン狙いの投資の場合においては、首都圏・関西圏の現在の不動産市況および融資情勢から鑑みると、新築物件・中古RC造物件で1.0〜1.5%、その他の構造の中古物件で1.5〜2.0%以上確保できるのが望ましいと考えています。

では、仮にこの数字を得られなければ投資対象となり得ないのかというと、そうではありません。自己資金を多めに入れて、自己資金×FCRからのキャッシュフローを多く取る方法があります。

あるいは保有期間中のキャッシュフローは薄くなりますが、後述する「潜在キャッシュフロー」である元金返済は進みますので、保有中のキャッシュフロー目的ではなく、売却時キャッシュフローを得る投資であれば、イールドギャップが多少基準値を下回ってもよいこともあります。その場合は、空室や滞納損失・修繕費用などに備えて、手元に一定の現金を保持しておくことをお勧めします。

最終的には物件ごとに個別の判断が必要です。イールドギャップの適正値は、あくまでも判断材料の1つとして参考にしてください。

保有期間中、そして売却時のキャッシュフロー最大化を狙う

不動産投資におけるキャッシュフローの重要性はご理解いただけたと思いますが、その考えだけではまだ不十分です。最終的な手残りは、所得税や住民税、法人税などを支払ったあとのキャッシュフローですから、大切なことは税引後のキャッシュフローを最大化させることです。

手元に残るお金＝税引後CF

税引後CFを最大化させるために重要なのが、後述の「タックスマネジメント」です。税の仕組みを理解したうえで、減価償却を活用して税を圧縮し、税引後CFを最大化させるのです。減価償却については後述します（155ページ）。

ここまでは保有期間中についての説明でしたが、同時に売却時のキャッシュフローの視点も欠かせません。多くの方は保有期間中のキャッシュフローのみで投資判断をする傾向がありますが、物件購入時には売却までを見据える必要があることはすでに説明した通りです。物件の売却で大きなマイナスが出れば、保有期間中に累積してきたキャッシュフローがすべてなくなってしまう場合もあるからです。それで投資を終わらせられるならまだよいほうで、売却金額が借入金残高より大幅に低く、保有期間中の累積キャッシュフローと保有現預金を投下しても、借入金残高を一括で返済できない場合は、売るに売れない状態となります。保有中のキャッシュフローが回っていればまだしも、マイナスキャッシュフローの場合は時間の問題で破綻します。

繰り返すように、不動産投資は賃貸経営と同義です。売上である賃料収入の規模ではなく、売却後の最終的なキャッシュフロー（手残り）の最大化を考えた物件の取得と管理運営をしなければなりません。

不動産投資の最終CF（手残り）
＝保有期間中の累積税引後CF＋売却時の税引後CF

「保有期間中」と「売却」という2つのフェーズにおいて税引後CFを最大化することが、不動産投資・賃貸経営の目的です。

潜在キャッシュフローで純資産を増やす

保有期間中の税引後CFを正確に理解するには、「表に出ていないキャッシュフロー」も考慮に入れなければなりません。

一般的に、不動産投資は融資を受けて行いますが、借入金返済の内訳は前述の通り、元金返済と支払利息に分けられます。100万円を返済している場合、そのうち元金返済が40万円、支払利息が60万円といった具合です。

元金返済が進むということは、借入金額の総額が減ることを意味します。これは視点を変えれば、元利返済のうち元金返済分は貯金していることに似ています。物件の市場価格が変わらないという仮定で会計的に見れば、貸借対照表（バランスシート）上、負債である長期借入金額が毎月減ることで自己資本が相対的に増える、つまり純資産が増える、という見方ができます。

したがって、保有している時の本当のキャッシュフローは次のようになります。

保有期間中のCF≒①税引後CF＋②元金返済分

私は②の元金返済分を、「潜在キャッシュフロー（以下、潜在CF）」と呼んでいます。保有中は表に出てきませんが、売却することで顕在化するためです。

簡単なモデルを示して説明しましょう。図表15をご覧ください。

ここでの不動産価格は貸借対照表の簿価ではなく市場で売却できる価格です。長期借入金の元金返済分2,000万円のうち、1,000万円が手元に残る現金として表面化したのが分かります。

10年後の貸借対照表上における収益物件の簿価建物価格は、毎年の減価償却処理により金額が下がるため、ここでいう不動産価格はあくまで「いくらで売却できるか」という市場価格です。もしこの状態で売却すれば「9,000万円－8,000万円＝1,000万円」が手元に残るはずですが、実際には仲介手数料などの譲渡費用や譲渡所得に対する税金がかかります。今回は、理解しやすいよう単純なモデルにしました。

お気づきでしょうが、潜在CFである元金返済金額は全額手元に戻ってきま

図表15　潜在キャッシュフローモデル

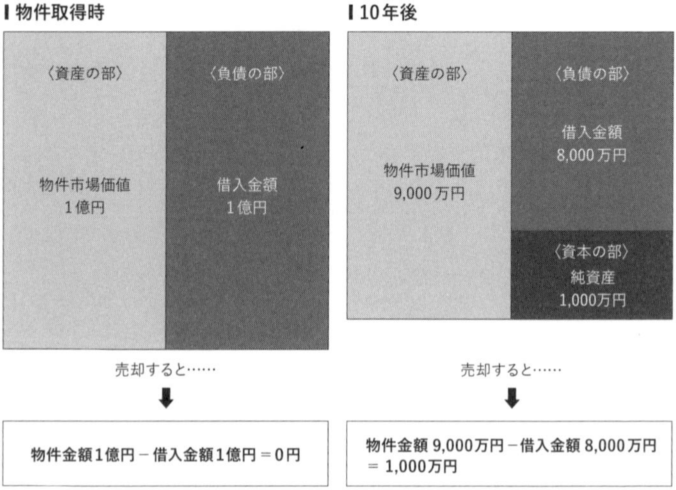

物件取得時

〈資産の部〉
物件市場価値
1億円

〈負債の部〉
借入金額
1億円

売却すると……

物件金額1億円－借入金額1億円＝0円

10年後

〈資産の部〉
物件市場価値
9,000万円

〈負債の部〉
借入金額
8,000万円

〈資本の部〉
純資産
1,000万円

売却すると……

物件金額 9,000万円－借入金額 8,000万円＝1,000万円

せん。物件の市場価格に影響されるため、その時々でいくらで売却できるのかによって違ってきます。

いくら元金の返済が進んでも、返済スピード以上に物件金額が下落すれば、潜在CFはいつまで経っても得られません。前述の①税引後CFと②元金返済分の累積総和が、物件金額より高い状態でなければ、保有期間中にキャッシュフローが出たとしても、売却時にそのキャッシュフローが吹き飛んでしまい、投資終了時に最終的な手残りが出ないのです。

以上を踏まえると、潜在CFを得るには、「物件市場価格の下落スピードより元金返済のスピードが速い物件でなければならない」といえます。言い換えると「物件市場価格が下がりにくい物件」「下落スピードが遅い物件」を選ぶ必要があります。例えば、土地値に近い築古物件、立地のよい物件、都市部のRC造物件などとなります。もちろん、これらの物件以外はダメかといえばそうではなく、すべて物件市場価値下落スピードと元金返済スピードによって決まるということです。

潜在CFについて、別の角度でもう1つ具体例を紹介します。借入の融資期間の違いによって、保有期間中の税引後CFおよび売却時キャッシュフローの総和に違いが出るのかを検証します。

図表16　サンプル物件Cの物件概要

物件概要	
構造・築年数	鉄骨造・築25年
物件金額	1億円
購入諸費用	500万円
総投資金額	1億500万円
年間満室想定賃料	900万円
表面利回り	9%
空室・滞納損失	45万円
運営費用	195万円
NOI	660万円
FCR	6.28%

資金計画	
自己資金	1,000万円
借入金額	9,500万円
条件	金利：2.0%、元利均等返済

運営計画	
保有期間	10年間
売却金額	8,200万円（売却表面利回り10.97%）
譲渡費用	250万円
適用税率	30%

この共通条件をベースに、融資期間を「20年間」と「30年間」の2パターンで、収支をシミュレーションします。途中の計算は割愛しますが、それぞれの保有期間中の税引後CFは次の通りです。

図表17　保有期間中のキャッシュフロー

20年返済の場合

	1年目	2年目	3年目	……	10年目
税引後CF	49.2万円	46.8万円	44.4万円	……	26.1万円
累積CF	49.2万円	96.1万円	140.5万円		380.1万円

30年返済の場合

	1年目	2年目	3年目	……	10年目
税引後CF	205.0万円	203.5万円	202.1万円	……	191.2万円
累積CF	205.0万円	408.5万円	610.7万円		1,982.9万円

※端数処理しています

このように、30年返済のほうがキャッシュフローを圧倒的に生み出すことが分かります。

では、本物件を売却した際の税引後売却キャッシュフローも比較してみましょう。

売却時の税引後CF

20年返済の場合　　2,416.9万円

30年返済の場合　　698.9万円

20年間返済の条件のほうが、税引後の手残りが多いことが分かります。これは毎月元金返済が進むことで、売却金額から金融機関に一括返済する金額が少なくなるためです。そして、不動産投資の最終的な成果（保有期間中の累積税引後CF＋売却時税引後CF）は次の通りです。

最終的なキャッシュフロー合計金額

20年返済の場合　　2,797.1万円

30年返済の場合　　2,681.8万円

30年間返済の場合、利息を多く払うため金額は少なくなりますが、結果に大差はありません。反対の見方をすれば融資期間が短いことで保有期間中のキャッシュフローが少なくても、潜在CFである元金返済が進むため、最終的な手残りには大差はないということです。

ただし最終的な手残りが同等とはいえ、投資効率を考えると「融資期間は長く」があくまでも基本です。不測の事態があった時にキャッシュフローが少ないと資金繰りに苦しみ、対応できなくなるリスクがあるからです。

さらにいえば、投資効率の観点からも融資期間は原則長くしたほうがよいです。詳細は後述しますが、現在受け取る100万円と10年後に受け取る100万円は同じ価値ではないという、お金の現在価値の考え方があるからです。その部分まで考慮した最終的な投資パフォーマンスを内部収益率といいます。

最終的な投資の利回り 内部収益率IRRを考える

融資期間によって保有期間中のキャッシュフローは変わるものの、売却までを考えると最終的に受け取るキャッシュフローの総額はあまり変わらないということを前項で確認しました。では、先の2つの投資は同等の投資パフォーマンスといえるでしょうか。

不動産投資をお金の出入りで見ると、購入初年度は物件購入金額や購入諸費用でお金が大きく出ていき、2年目以降はキャッシュフローが生まれ、最後は売却することでまとまったお金を手に入れることができます。

ここで注意したいのは、先ほど少し触れた「お金の現在価値」の考え方—今の100万円と10年後の100万円ではどちらの価値が高いのかということです。結論からいえば、現在の100万円の価値が高くなります。

なぜなら、今100万円があれば、他の物件の購入資金に充てたり、他の投資を行ったりすることで、さらに現金を増やすことができるからです。お金の現在価値の考えがあれば、最終的に受け取るキャッシュフロー総額が同じでも、なるべく早くお金を手にしたほうが得であり、投資パフォーマンスがよいということが分かります。

現在価値を含めて考慮し、投資パフォーマンス・利回りを図る指標として「内部収益率（IRR）」があります。IRRは「Excel」のソフトでIRR関数を用い、毎年のお金の出入りを範囲にして計算すると簡単に導くことができます。

厳密な定義としては、「正味現在価値がゼロとなる時の割引率」ですが、不動産投資家が理解する際には定期預金をイメージするとよいでしょう。例えばIRR5％となれば、金利5％の定期預金に預けている時と同じ運用ができていることを意味します。

内部収益率を用いて、前述の融資期間が異なる2つの投資を評価してみます。途中の計算は割愛しますが、次のようになりました。

融資期間20年の場合（税引後で計算）

内部収益率IRR＝12.08％（CF総額は2797.1万円）

融資期間30年の場合（税引後で計算）

内部収益率IRR＝18.81％（CF総額は2681.8万円）

キャッシュフロー総額はあまり変わらなくても、投資の最終的な利回りを示すIRRで比較すると、融資期間30年のほうが、投資効率が6％以上よいことが分かりました。これは、②融資期間30年であればお金の現在価値が高い早いタイミングでお金（キャッシュフロー）を得られるためです。①融資期間20年の場合は、まとまったお金を得られるのが10年後であり、お金の現在価値としては低くなってしまったからです。このことからも、融資期間は可能な限り長く取るようにし、キャッシュフローを手前に持ってくるほうがよいといえます。

IRRの意味としては、自分の元手（自己資金）を投資期間中にIRR%で運用できた、という考え方になります。先の例でいえば、自己資金1,000万円を税引後でそれぞれ、①12.08%、②18.81%で運用できた、ということになります。

これまで多くの投資指標を見てきましたが、不動産投資・賃貸経営を行うには、数字を根拠にした投資判断が大切です。

それも不動産会社や建設会社側が提案してくる数字を鵜呑みにするのではなく、これまで解説してきた不動産投資の成功法則に基づく数字・投資指標で検討し、判断する必要があります。100%想定通りに運用し売却までできると言い切れませんが、少なくとも初期設定の段階で大きく失敗することを回避できます。

出口戦略の考え方

不動産投資は売却してはじめて最終的な利益が確定するため、「出口（売却）」を考慮して物件を購入しなければなりません。

私が考える出口戦略とは、いつでも売却できるような物件を購入したうえで、保有中のキャッシュフローを得つつ、不動産市況の上昇局面や金融機関の融資条件の軟化があった際に、利益確定の売却を行うというものです。

いつでも売却できる物件とは、少し抽象的ですが、「次の買い手が付く物件」「次の買い手が新たに融資を受けられる物件」を指します。

物件の売却時期の目安としては、減価償却が終わったタイミング、デッドクロス（経費になる減価償却費より、経費にならない元金返済金が上回る状

図表18　デッドクロスのイメージ

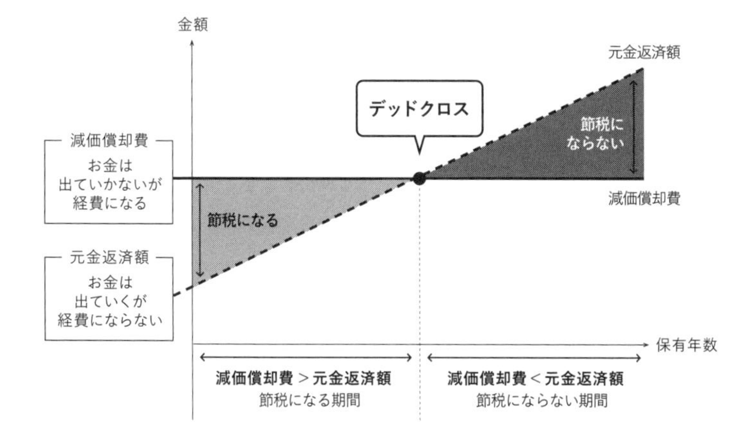

デッドクロスを迎えると、税務上の不動産所得が多くなり、
納税金額が増え、キャッシュフローが回りにくくなっていきます。

態のことで、後述します）、次の買い手が十分な融資期間を取れる建物築年数の時などが挙げられます。例えば新築一棟木造アパート投資を考えた時、売却出口の時期は、築10〜15年の間となります。これはこの築年数であれば、次に購入する方がキャッシュフローの出る融資期間の融資が受けられること、築15年前後で建物付属設備の減価償却が終わるため税金負担が増えることが理由です。

また、不動産市況が購入時より活況になり、物件金額が上がったタイミングで売却するのも有効な出口戦略です。

このように、出口まで考慮したシミュレーションを物件の購入前に行うことが大切です。しかし矛盾するようではありますが、出口戦略を取らない選択肢もあります。具体的には、「売却」としての出口ではなく「持ち続ける」

という出口（方向性）もあるのです。

まず、出口戦略が叫ばれるようになった背景について考えてみます。

今では一般の人が収益物件を購入することは珍しくなくなりましたが、一昔前は融資の関係で収益物件を保有するのは一部の限られた人のみでした。土地オーナーが土地活用でアパートを建てたり、不動産会社が賃貸業を営む目的で保有したりと、限られたプレイヤーのみの世界だったのです。

やがて、米国からもたらされた不動産証券化によってREITが誕生・上場し、ファンドが物件を買うようになります。その結果、プロのファンドが不動産投資する際に活用する投資指標や手法が、一般投資家に知れ渡るようになりました。

そこで着目されるようになったのが出口戦略です。ファンドは一定期間保有したのちに売却し、投資家に利益を分配しなければなりません。物件にもよりますが、5〜7年程度で売却するケースが多い傾向があります。最終的な投資効率を表す内部収益率IRRをベースに見た場合、その程度の期間保有すると効率がよいからです。その結果、ファンドの投資手法と同じように、一般投資家も必ず売却しなければならないという風潮が蔓延し、今に至ります。

しかし一般投資家は、決められた時期に必ず売却しなければならない縛りはなく、ファンドの真似をして売却ありきという考え方をする必要もありません。売却という出口を考えるあまり、物件の選択肢を狭めている方も少なくないように感じます。

売却の目安の1つに、減価償却が終わったタイミングと前述しましたが、減価償却期間が終了しても持ち続けたほうがよい物件もあります。立地がよく資産性が高く、築年数が経過していても一定の金額で売却できる物件や、減価償却が終わった後でも物件単体で税引後CFを出せる高利回り物件などです。

その場合は、新たに減価償却の取れる物件を買い増し、保有物件トータルで税引後CFを最大化させればよいのです。私自身、築40年を超える高利回りの鉄骨造（違法物件）の物件を保有していますが、減価償却終了後に売却という出口戦略は取っておらず、他の物件と組み合わせることで税引後CFを最大化させる戦略を取っています。

あるいは、保有期間中のキャッシュフローは薄くなりますが、物件を持ち続けることで毎月借入金額元金の返済が進むため、市場での売却可能価格より借入残金額が下回る時点以降はいつ売却しても現金化でき、キャピタルゲインのキャッシュフローを得ることもできます。

出口戦略は必要ですが売却ありきではない、この考えを持つことで、投資に幅を持たせることができます。

第4章

成功法則③

「物件」

不動産投資は アパート・マンション 一棟買いがベスト

コロナ禍で証明された、住居系物件の安定した収益性

2020年に入り世界中を襲った新型コロナウイルスは、日本国内にも多大な影響を与えています。2度にわたる緊急事態宣言による自粛要請によりさまざまな需要が消滅し、消費が落ち込み企業は倒産し、実経済は急減速しました。帝国データバンクの調べによると、新型コロナウイルス関連の倒産（法人および個人事業主）は、21年2月9日時点で全国に1,013件。法的整理は910件、事業停止は103件にのぼっています。倒産の内訳は「飲食店」（161件）が最も多く、「建設・工事業」（88件）、「ホテル・旅館」（79件）、「アパレル小売」（57件）、「食品卸」（48件）の順番です。

今後、段階を踏んだ経済再開により徐々に経済は回復していくと推測されますが、コロナ前の状況に戻るのは数年かかるとの声も聞かれます。

そもそも国内においてはアベノミクス以降の経済好調の波の調整局面時期、および消費税増税が19年秋に重なっていたので、その時点ですでに下降局面だったところにコロナによる緊急事態宣言が重なり、一気に景気後退した状態との見方もできます。一方、株式マーケットに目を向けると、20年3月のコロナショックにより日経平均は一時1万6千円台まで急落しましたが、その後は反転上昇し、21年2月には30年ぶりに3万円台を超えるまで価格を上げました。コロナ禍では日本のみならず世界各国の中央銀行が金融緩和策をとった結果、マーケットに大量の資金が供給され、株式市場に流れ込んだからでしょう。いずれにしろ、実経済とは乖離した動きをしています。

コロナ禍において収益物件金額にはどのような影響があったのでしょうか。結論を先に申し上げると、住居系への影響は軽微、店舗・オフィス系は影響大でした。ホテルは周知の通りで2020年にWBFホテル＆リゾーツ（大阪市）

やロイヤルオークリゾート（滋賀県大津市）、2021年に入ってはホテルグランドパレス（東京都千代田区）など、地域の有力ホテルが相次ぎ廃業や休館に追い込まれています。安く売りに出されている物件は少なくありません。

背景にあるのはインバウンドの消失です。東京都大田区や大阪市全域では民泊も流行っていましたが、多くは撤退しています。ホテルや民泊は不動産を使っていますが、住居やオフィスとは収益構造が大きく異なるのが響きました。住居・オフィスは一定期間を確実に契約して賃料を受け取りますが、宿泊業は日銭の商売です。あくまでも不動産を使った事業であり、そこを勘違いして住居やオフィスよりも高収益だと考え参入した事業者や個人が、環境変化に耐えられずに窮地に陥りました。

各報道でも取り上げられましたが、オフィスはテレワークにより需要が低下しています。東京でも例えば当社の東京本社がある渋谷では、マークシティやヒカリエ、スクランブルスクエアといった、大手企業が入るSクラスのビルはともかく、中小法人や個人投資家が投資対象としてきた床面積の狭いB～Cクラスのオフィスビルは、入居するのもスタートアップや中小企業なので、景気が悪くなり事業環境が変わると、あっという間に撤退します。一方、大手のほうがテレワークは導入しやすく、在宅勤務の定着に対応するためオフィスの縮小を検討する企業も少なくありません。オフィス仲介の三鬼商事によると、東京都心のオフィス空室率は11カ月連続で上昇し、東京都心5区（千代田、中央、港、新宿、渋谷）のオフィス空室率は21年1月時点で4.82％という数字が出ており、大阪のオフィス空室率も9カ月連続で上昇し、1月には3.54％に達したといいます。これに伴い、賃料の下落も始まっています。

対して、住居系の不動産は、こうしたことがありません。国内外の学生が多く住む一部のマンションでは退去が見られたり、新たな入居者が決まりにくいということが起きましたが、全体として空室率の大きな上昇はなく、賃料の下落も見られません。こういった状況なので金融機関の融資も新型コロナ前後でさほど変わらず、物件金額にも大きな変化はないようです。住居は生活の基盤で、コロナ禍においても賃料を支援する住居確保給付金など、公的な支援も手厚くなされています。タワーマンションなど高額賃料の物件の場合、コロナによる収入減で転居は一部ありますが、一般層の方が住まいとして借りる賃料帯の物件は、賃料が払えずに退去するというケースは、ほぼありません。こういったこともあり、事業系と住居系の物件は、明暗がはっきりしました。

ちなみに、空気感や投資家マインドなど定性的な部分も大きいですが、収益物件の価格形成要素は、「賃料」「融資情勢」で決まります。

賃料については先述の通り、住居系物件に関しては影響は受けていません。
融資情勢についてですが、このコロナショックによって金融機関の融資姿勢の変化はほぼありません。スルガショックなどにより融資姿勢がそれ以前よりもそもそも厳しくなったというのがあったのですが、姿勢は緩くはないけどコロナによって厳しくなってはいないということです。むしろアフターコロナを見据えて積極的に融資を行っていく方針の金融機関が徐々に出てきたくらいです。
収益物件金額と融資情勢には明確な相関関係があり、記憶の新しいところではリーマンショックやバブル崩壊時の融資引き締めがありました。どちらも不動産向け融資がストップしたことで不動産の流通が妨げられ、結果として不動産の投げ売りが行われ不動産マーケット全体が押し下げられたことになります。日本国内においては、リーマンショックそして東日本大震災後を経て、安倍政権の経済政策（アベノミクス）や相続税増税などにより金融機関の融資姿勢が積極化し、物件金額が上がっていったのが今に繋がる話となります。

融資が止まると物件金額が下がり、融資が出ると物件金額が上がる、というのが不動産価格形成には大きく影響していることがお分かりいただけると思います。

このように住居系収益物件については、コロナショックによっての融資情勢の変化は今のところ認められていませんし、当社における金融機関へのヒアリングにおいても滞納リスクには注意しつつも、一定の自己資金の投下があれば長期優良債権として位置付け、融資は出していきたいという回答を多数得ています。

金融機関の融資姿勢というのは、刻々と変化し、その変化に応じて不動産価格・相場は変化していきます。将来の融資情勢・不動産価格相場は誰にも予測はつかない部分があるものの、投資方針としてはその時々の融資情勢を鑑みて投資として成り立つのであれば是々非々で購入していくのが、不動産投資のドル・コスト平均法的な投資としてよいのではないかと考えます。

どんな種類の物件がベストなのか？

住居系不動産は収益が安定しているとはいえ、どのような種類でも構わないわけではありません。さまざまな種類があり、大別すると次の通りです。

- **新築区分（ワンルーム）マンション**
- **中古区分（ワンルーム）マンション**
- **新築一棟アパート**
- **新築一棟マンション**
- **中古一棟アパート**
- **中古一棟マンション**

アパートとマンションの違いは、前者はコンパクトな2〜3階建ての木造・軽量鉄骨造の建物で、後者は鉄骨造や鉄筋コンクリート造の大きな建物かということです。

結論から申し上げると、当社がお勧めしているのは、新築もしくは中古の一棟アパート・マンションです。「大和財託は一棟物件専門だから」という声もありそうですが、当社は宅地建物取引業の免許を持っていますから、どのような物件も扱うことができます。それにもかかわらず区分の物件を販売しないのは、お客様があまりにも儲けにくいからです。

物件タイプそれぞれのメリット・デメリットを図表19にまとめました。

新築区分ワンルームマンションは手軽に始めやすく、信販系ローンで年収の高くない方でも融資が受けやすく取り組みやすいのが特徴です。「一棟物件より価格が手ごろでリスクが抑えられる。節税にもなる。生命保険・がん保険もついてくる」といったセールストークは常套句といえます。

ところが、節税を受けられるのは初年度のみで、融資を使って買った場合は、毎月1万円以上の持ち出し（手出し）になります。各人が借りられる融資の枠には限度がありますので、いずれ資金を借りるのにも限界が訪れます。

新築区分ワンルームマンションはそもそもの購入金額が割高のケースが多く、築年数の経過により物件購入価格と比べれば市場価格の下落は大きく、担保価値が低く借入がある場合はマイナスの評価になります。区分ワンルームマンションの1室を持ち、賃貸管理を専門の管理会社に任せるだけでは、金融機関からみれば賃貸経営の実績としても評価されず、仮に2戸目、3戸目と物件が増えようにも、いずれ手詰まりを迎えます。

建物の築年数が経過すると賃料は下がっていきますので、毎月の手出し金額は増えてきます。手出し金額の大きさに耐えきれなくなり、売却しようにも売却金額は借入残高から大幅に低い金額でしか査定されないため、売るに

図表19　投資対象物件ごとのメリット・デメリット

投資対象	メリット	デメリット	判定
新築区分	◎手軽に始めやすい ◎信販系ローンで借りやすい	◎節税は初年度のみ ◎毎月1万円以上の持ち出し ◎価格下落率が激しく売るに売れない ◎金融機関から見た担保価値なし ◎賃貸経営の実績として評価されない	×
中古区分	◎手軽に始めやすい ◎物件数が多く選びやすい ◎立地のよいところが多く、入居付けが比較的容易	◎保有戸数が少ない時は、経営が不安定 ◎経費率が高い（管理費・修繕積立金、他） ◎将来の大規模修繕リスク（修繕積立金の不足） ◎自由度が低い（室内のみの工事） ◎金融機関から見た担保評価低い	△
新築一棟	◎新築初期は賃料が高く取れる ◎当初は大規模修繕費用などは不要 ◎1回の取引で複数戸所有できる ⇒経営の安定、スピード ◎融資が長期間で組みやすい	◎新築プレミアム賃料がなくなれば、賃料は下がる ◎物件金額に対する建物割合が高く、経年により価値が下がる ◎単年減価償却が少ない（長期にわたって経費化）	○
中古一棟	◎賃料下落が少ない（下がりきっていることが多い） ◎単年の減価償却費が高く取れ節税効果が高い ◎1回の取引で複数戸所有できる ⇒経営の安定、スピード ◎物件金額に占める土地割合が高い ⇒資産性を保ちやすい	◎突発的修繕リスクがある（小規模な工事） ◎大規模修繕リスクがある（屋上、外壁、配管） ◎金融機関によっては融資期間を長期で組めない場合がある	○

売れない状況になります。投資を終わらせるためには、追加で自分のお金を投下して借入金額の全額を返済しなければならないという、罰ゲームのような状況に陥るのが新築区分ワンルームマンション投資なのです。新築区分ワンルームマンションを販売する会社の提案では、30年、40年と保有し借入金額を全額返済すれば、無借金の状態で現物資産が手に入り、将来の私的年金代わりになるというセールストークですが、その間には多額の手出しを毎月しなければならず、築年数が経過すれば室内設備の改修などにもお金がかかるので、資産が手に入る、私的年金になるというのは甚だ疑問です。

中古区分ワンルームマンションはどうでしょうか。新築区分ワンルームマンションに比べ利回りが高く、物件の流通量は多いので選びやすく、立地のよい物件も多くあり、入居付けは比較的容易です。

ところが、現金で購入するならよいのですが、物件購入金額の多くを融資利用にて購入した場合は、毎月の手取りはわずかです。

また、管理費や修繕積立金などの支払いがあるため経費率が高く、将来の大規模修繕リスクに備える必要があり、どうしてもコスト高になってしまいます。昨今は修繕積立金が不足するマンションが多く出てきており、万が一不足すると追加で修繕積立一時金の請求をされる場合もあります。

新築区分ワンルームマンションと同じように担保価値が低く、個人の信用をもとにした融資枠を使うので物件の追加購入は限界があります。年収700万円の会社員の場合、3戸くらいまでは増やせますがそれ以上の融資は望めません。空室が1戸でもでれば売上は3分の1減りますから、経営的に脆いといわれても仕方がないでしょう。新築区分ワンルームマンションは手出しが毎月発生するので、それよりは収益性は見込めますが、年間数万円のキャッシュフローでは、将来の経済的不安を払しょくすることはできません。キャッシュフローが薄いため、空室が出れば手出しが発生するなか、30年、40年保有し続けるのも精神的にも大変だと考えます。めでたく借入金額を全額返済できた時に残るのは、築50年、60年の築古ワンルームマンションです。室内の修繕費用や大規模修繕費用などがさらに掛かることが想定されるため、果たしてそれはお金をもたらす資産といえるのでしょうか。

昨今融資の環境は変わりつつあり、既存物件の借入を見ないで新たに融資をする金融機関も出てきました。ですが、少なくとも既存物件のキャッシュフロー・収支が回っているかどうかはチェックされるので、回っていないと融資を受けられなくなる可能性が高くなります。その状態で融資の可能性がまだあるのは、マイナスを上回る年収や金融資産がある方のみです。年収1,000万円くらいの会社員の方だと、すでに買ってしまった新築・中古区分ワンルームマンションが足を引っ張る可能性があります。

次に新築一棟のアパート・マンションを考えます。竣工当初は賃料を高く設定することができ、競争力のある間取りと最新設備があれば入居付けは、かなり有利です。当面は大規模修繕などの費用はかかりません。一棟で複数戸を所有するので経営は安定しやすく、また融資が長期間で組みやすいのは新築一棟の強みです。土地付きの物件となるため建物が古くなっても土地資産は残ります。言い方を変えれば、建物が古くなっても土地の価値以下に下がることはないということです。

デメリットとして、物件によっては新築時に賃料が高くとれる新築プレミアムが付く場合があり、その状態はいわばボーナスタイムみたいなものでメリットなのですが、一定の年数が経過し一度退去が出ると新築時と同じ賃料では入居者が決まらない事態が起こり、賃料が下落します。新築プレミアム賃料での利回りからは数年で大きく下落する可能性があるので、物件購入時には相場賃料などをよく調べておく必要があります。また新築物件は単年あたりの減価償却費が少なく、税金対策には不向きで納税金額が多くなってしまう場合があります。

また、新築一棟物件ならではのトラップがあります。利回りのごまかしがなされているケースがあるので、注意が必要なのです。

建物の建築費は、建築費用にあたる「本体工事」と、電気やガス、給排水、エレベーターなどの設備費用である「付帯工事」に分けられます。一般的に建築費というと本体工事費のみをさすので、付帯工事を考慮しないで利回りを計算し、間違った利回り計算をもとに投資水準をクリアしているから問題ないと、早合点する人もいます。付帯工事費も加味して算出しないといけません。

土地を自ら見つけて建設会社に直接発注して新築一棟物件への投資にチャレンジする方も一定数いらっしゃいます。うまくいけば、よい利回りの物件が手に入ったり、短期売却でキャピタルゲインを得られる期待値があるようですが、建設会社の与信管理をしっかりしないと大変なことになります。大手ハウスメーカーなどは倒産リスクはまずないのですが、建築費用が高く利回りも低くなるので手間暇をかけてやる意味がなくなります。かといって、利回りを求めて建築費用が安い工務店に頼むと信用リスクを負うことになり、工事が止まったり工事途中で倒産したりということが頻繁に起こっています。昨今、東京都内で土地から新築一棟RC造を建てる投資が一部で流行っているようですが、こういったリスクを理解せずに安易に取り組む方が散見されます。やっていることは不動産投資というより不動産会社と同じことなので事業となり、不動産投資のリスク以上に事業リスクは高いのです。中小企業や個人事業がよく事業撤退、倒産するのはそれだけ事業というのは難しく、リスクが高いということです。事業リスクを理解のうえ、取り組まなければ、思わぬ落とし穴にはまってしまい再起不能になることを理解しておかなければなりません。

中古一棟のアパート・マンションは新築一棟のような新築プレミアム賃料にはなっていないので、一般的には賃料の下落が少ないのがメリットです(長期入居者がいる物件は退去により賃料が下がる可能性はあります)。単年の減価償却費が高く取れるので節税効果が高く、新築一棟と同じく複数戸を保有できるので経営の安定性や土地の資産性が期待できます。

一方、中古なので、突発的な修繕が発生したり、一棟物件では建物すべてが所有者のものですので一定周期での大規模修繕が必要なため、修繕リスクは避けられません。中古物件は金融機関によっては長期にわたる融資が組めないこともあります。

このように、一棟物件にも良し悪しがあることは事実です。それでもデメリットを補い有り余るメリットが期待できるので、当社としては新築と中古の一棟物件を投資家の方々にお勧めしています。

一般的にキャッシュフローを狙うなら中古の大型物件や新築の木造物件がよく、節税目的なら中古の木造・軽量鉄骨造の物件にするなど、投資される方の目的によって購入対象物件が異なってきます。

「新築区分ワンルームマンション」投資は危険

新築区分ワンルームマンションは、なぜ避けるべきなのか。さらに掘り下げます。

景気回復によって不動産価格が上昇し、コロナショック後も高値を維持している現在、新築区分ワンルームマンションへの投資が会社員を中心に活況を呈しているようです。この好機を逃すまいと、販売会社は見込み客へのセールスに力を入れています。繰り返しになりますが、新築区分ワンルームマンションには一部例外を除き投資をしてはいけません。当社に相談に来るお客様のなかにも同様のセールスを受けたり、すでに購入してしまったりといった方が一定数いらっしゃいます。

例えば大阪在住のEさんは、すでに2戸購入している会社の上司から勧められ、新築区分マンションを購入しました。上司から勧められたこともあり「とりあえず話だけなら……」と了解したところ、数日後には不動産販売会社のセールス担当者が東京から大阪までやってきたそうです。その場には上司も同席し、2人から積極的なプッシュがあり、「周りもやっているし問題ないだろう」と考え、すぐ契約してしまったのです。

彼らの訴求ポイントは次の3点です。

①月々わずかの負担でマンションオーナーになれる

②節税ができる

③生命保険とがん保険がついてくる

果たして、本当にそれらのメリットが受けられるのか、Eさんの物件をもとに見ていきましょう。

ケーススタディ2

Eさん（35歳・大手メーカー勤務）のケース

給与年収900万円（給与所得700万円）

【概要】

構造	鉄筋コンクリート造
築年数	新築
物件金額	3,080万円（土地 154万円、建物 2,926万円）
購入諸費用	92.4万円
総投資金額	3,172.4万円
年間満室想定賃料	117.6万円
表面利回り	3.82%
運営費用	21.9万円
NOI	95.7万
FCR	3.01%

【資金計画】

自己資金	102.4万円
借入金額	3,070万円
条件	金利　2.0%、期間　35年、元利均等返済

購入を勧めた2人は、毎月2万円ほどの自己負担で、東京で資産が持てるメリットを訴求してきました。実際のキャッシュフローはどうなのか、本物件の簡単な収支を見てみます。

Eさんの年間収支

収入	賃料	1,176,000円
支出	管理費・修繕積立金	105,600円
	固都税	60,000円
	管理会社への手数料	38,808円
	火災保険料	15,000円
	元利返済金額	1,220,372円
	支出合計	1,439,780円
収支合計	▲263,780円（月あたり約2.2万円の手出し）	

まずは、不動産投資の面からです。月々2万円程度の自己負担でマンションが持てると聞くと、負担感があまりなく不動産が持てる、という錯覚に陥る人がいるかもしれません。しかし実際は、賃料収入より支出である借入返済と運営費用（管理費・修繕積立金、固都税など）が大きく、キャッシュフローがマイナスで、持ち出しが2万円程度出ているということです。

とはいえ、この程度であれば払い続けられる金額であり、借入金額の返済は続くので、ゆくゆくは無借金で不動産が持てるのだからよいのではと思われるかもしれません。ただしそれは、あくまでも「持ち続けられれば」の話です。

賃貸物件は一定のサイクルで入居者が必ず退去します。そうなれば売上はゼロになりますので金融機関の返済など含めて毎月12万円近く自分の貯金から出さなければなりません。これが次の入居者が決まるまで続くのです。

築年数が経過すれば新築時と同じ賃料では入居者は入ってくれませんので、賃料を下げざるを得ず、手出し金額は増えていきます。

加えて管理費や修繕積立金などの経費は、新築時は年間10万円程度となっていますが、特に修繕積立金に関してはこの先3〜5年サイクルでどんどん上がっていくので、負担は大きくなる一方です。分譲マンションでは30年間の長期修繕計画を立てるのですが、初めは修繕積立金を低く、徐々に値段が上がっていく計画になっていることがほとんどです。販売時に負担が少ないように見せる物件開発会社の1つのテクニックといえます。これらの要素が複数重なった時、支払いを続けられ物件を持ち続けられるかというと、疑問符が付きます。

次に節税面についてです。155ページで減価償却の仕組みを説明するように、不動産投資において、不動産所得がマイナスになることで、給与所得と損益通算ができます（厳密にいえば、土地購入のための金利負担分は損益通算できませんが、本書では理解いただくことに重きを置くため、以後、全額損益通算できるものとして説明します）。損益通算すると、給与所得のみで確定していた課税所得が不動産所得マイナスにより圧縮され、結果、本来の所得税・住民税より税金が低くなります。営業現場で展開されるセールストークでも節税が強調されている傾向があります。

確かに物件購入初年度は購入諸費用がかさむため、不動産所得が大きくマイナスになり、給与所得と損益通算が可能です。会社からこの説明を受けた人は、「なるほど、新築区分ワンルームマンションを買うことで○○万円も節税できるのか」と勘違いされるかもしれません。

Eさんの場合、前述のように毎月のキャッシュフローが2.2万円のマイナスとなるため、不動産所得も当然にマイナスとなります。購入初年度の不動産所得は詳細の計算は割愛しますが、マイナス122万円程度になります（購入諸費用を全額経費にできたと想定）。

それを踏まえて、2年目以降を含めた節税効果を見てみましょう（数字は丸めています）。当社が考える不動産投資・賃貸経営での節税とは、賃貸経営でお金が入ってきて手取り収入を得つつ、税務上の処理で不動産所得がマイナスになり、税金が安くなったり還付を受けたりするというものです。

Eさんの事例を見ると、購入1年目は37万円の節税効果があるように思えますが、一方で100万円以上の現金が出ています。37万円の節税のために100万円使ったということです。同様に2年目も8.5万円の節税を図るために26万円の現金が出ていっているので、もはや何がしたいのか意味が分からない状態になっています。

3年目以降はこのマイナスの度合いが大きくなっていきます。そして、多くの人はこの段階になってようやく「あれ、おかしいな？」と気づくのです。

図表20　新築区分マンションを使った節税イメージ

	不動産購入前	購入1年目	購入2年目
給与所得 a	700万	700万	700万
不動産所得 b	―	▲122万	▲28万
社会保険料 c	120万	120万	120万
基礎控除 d	48万	48万	48万
課税所得 a+b-c-d	532万	410万	504万
所得税・住民税	117万	80万	108.5万
		節税効果 37万	節税効果 8.5万

確かに節税はできているが、節税金額以上のお金が出ていっている状態。この状態では節税できても得しているとはいえない。

そこで販売会社に相談すると、笑顔で次のような言葉が返ってきます。
「そうしましたら、もう1戸購入して再度節税を図りましょう」
こうなると、販売会社はＥさんの融資限度額まで物件を売り込みます。年収900万円のＥさんであれば、年収の10倍程度である9,000万円の借入は可能なので、最初に購入した物件であれば合計3戸まで購入できるということです。

当然に状況は好転せず、ますます悪化していきます。新築区分ワンルームマンションを3戸所有すれば月々の手出しは増えますし、融資を使って新たな物件を購入することもできなければ、物件自体も築年数の経過に伴って市場価格が大きく下がっていくため、売却査定金額は借入金残高以上にはならず、売るに売れません。
景気上昇の局面であれば、物件の値上がりによる売却益（キャピタルゲイン）が得られると考える人もいるでしょう。しかし、新築区分ワンルームマンションの今の相場感では値上がりを期待することは極めて難しいでしょう。
新築区分ワンルームマンションの販売価格には、マンションデベロッパーの利益と販売のための経費（人件費、広告宣伝費、インセンティブなど）が多く含まれているうえ、所有権が移った瞬間に新古物件扱いとなります。購入検討者が一般投資家に変わり、投資家目線で収支が合う価格でなければ成約とならないため、購入した瞬間に価格が下がるのです。

持ち続けることもできなければ売ることすらできない。この状態になれば、末路は差し押さえ・競売のプロセスをたどることになります。競売で物件が処分されても債務は残るので、最悪の場合は自己破産です。
あまり認知されていませんが、競売情報を覗いてみると区分ワンルームマンション物件が定期的に掲載され落札されていっています。それほど被害者が多くいるということです。

生命保険・がん保険の代わりになる、はどうでしょうか。新築区分ワンルームマンションに限らず、不動産投資が生命保険代わりになる仕組みは、融資を受けて物件を購入すると、住宅ローンと同じように団体信用生命保険が付保される融資商品があるためです（その保険料は金利に含まれています）。団体信用生命保険は債務者に万が一のことがあった場合、その時の借入残高分の保険金が出ることで借金がゼロになるというものです。

毎月の手出しが2万円程度ですので、それをみなし保険料とすれば、その負担で生命保険・がん保険に入れるなら、よいように聞こえるかもしれません。しかし先述の通り、手出しは時間の経過とともに増えていくことから、みなし保険料は増額していくということになります。また物件の価値も同様に時間の経過とともに下落しますので、保険金額が年々下落していくことと同義となります。通常の生命保険ならいつでも解約できますが、新築区分ワンルームマンションは売るに売れず流動性が極めて低いのも難点です。経済的側面だけをみて新築区分ワンルームマンションの投資としての成功は、不謹慎ですが物件購入後間もない時に不幸があり遺族に無借金で物件が残った時となります。

以上から生命保険・がん保険代わりに新築区分ワンルームマンションを購入するのではなく、保証が欲しいのであれば通常通り各種生命保険に加入すればよいだけだと考えます。

新築区分ワンルームマンションへの投資を避けたほうがよいという意味を、ご理解いただけたのではないでしょうか。

資産拡大に不向きな「中古区分ワンルームマンション」は避ける

新築区分ワンルームマンション同様に、中古区分ワンルームマンションへの投資を検討する方も多くいます。一棟物件に比べ金額は少額であり、また新築区分ワンルームマンションに比べて利回りが高いため、投資を始めるには手軽に感じるかもしれません。

しかし、本書で提唱する将来の経済的不安を払拭する資産運用という面で見れば、中古区分ワンルームマンションは投資対象としてお勧めできません。

まず、資産拡大効率の悪さです。仮に月に100万円の賃料収入を目標にしているとしましょう（厳密には賃料収入を目標にしてはダメですが）。1部屋あたりの賃料を7万円とすれば、区分所有で目標を達成しようとすると、15回も売買取引をしなければなりません。一度の取引で必要となる手続きは物件選定から買付提出、契約手続き、融資打診、融資承認、決済引き渡しに至るまで複雑多岐にわたります。それを取引のたびに行うのは相当の手間といえます。

新築区分ワンルームマンションの項目でも少し触れましたが、空室リスクの高さも問題のひとつです。通常、区分所有物件では1戸の取引となります。その物件に入居者がいれば入居率100％で満額の賃料を得られますが、一度退去が出てしまうと入居率は0％となり、たちまち収入がなくなってしまうのです。物件金額が数百万円程度のものであれば現金での購入も考えられますが、1,000万円を超える物件の場合は融資を利用した投資になるケースが多いはずです。その場合、入居者が退去してしまうと借入金額の返済を自分の給料や貯金、あるいはこれまでの運用で貯めてきた累積キャッシュフローのなかから捻出しなければなりません。一定の戸数まで買い進めないと運用は安定しないことになります。

そして最大のネックは、融資の壁にぶつかり、投資規模を拡大しにくくなることです。中古区分ワンルームマンション投資をする場合、融資を受けられる金融機関は一部に限られます。詳細は第5章に譲りますが、いわゆる信販系金融機関が中心となります。地方銀行や信用金庫などの市中金融機関は、区分マンションの担保力が弱いことから投資を目的とする場合はほとんど融資を出しません（購入者属性が高ければその限りではありません）。スルガショック以降の融資厳格化の流れのなかで、新たな貸出先を模索していた地方銀行のなかには区分ワンルームマンションに融資を出すところがいくつか出てはきましたが、少数です。

区分ワンルームマンションに融資を出す金融機関の多くは購入者個人の属性、もっといえば年収をある意味担保とみなしています。その証拠に融資限度額は購入者の年収によって決められ、10倍程度に設定しているところが多く見られます。そして、その融資枠は既存借入を含みますから、例えば年収1,000万円の会社員の場合、融資枠は既存借入を含んで1億円ということです。

では、年収1,000万円で住宅ローンを4,000万円抱えた方が、1戸あたり2,000万円の物件を融資限度額まで複数戸購入した場合を見ます。

融資限度額　1,000万円×10倍−4,000万円＝6,000万円
購入可能戸数　6,000万円÷2,000万円＝3戸

そして一番のネックとなるのが、融資限度額まで中古区分ワンルームマンションを購入したのち、追加で融資を受けようとしても、融資をしてくれる金融機関は非常に限られるということです。中古区分ワンルームマンション購入に際しての借入金額に対するキャッシュフローの薄さが足かせとなるのです。先の例だと、たった3戸購入して不動産投資がストップしてしまうのです。

中古区分ワンルームマンションを勧める不動産会社の営業トークに「最初

から一棟への投資は金額が大きくリスクも大きいので、まず中古区分ワンルームマンションをいくつか購入し、賃貸経営の実績を積んでから一棟ものへシフトしていきましょう」というものがありますが、これは間違いです。

区分マンション数戸を運営していたとしても、地方銀行などの市中金融機関は実績として見てくれません。一方、融資枠は上限まで使い切っていますので、それ以上融資を受けて買い増しをしていくことが難しいのです（可能性があるのは、現預金や無借金の不動産などで数千万円以上保有している場合のみです）。

詳細は第5章の融資の章で解説しますが、最近は既存借入を考慮せず、別途融資枠を設けている金融機関も少しですが出てきました。こういう金融機関では既存借入金額の多寡は見ませんが、保有物件のキャッシュフローが潤沢に回っているかを厳格に審査します。キャッシュフローが薄い中古区分ワンルームマンションではプラスではなくマイナス評価となってしまい、融資を受けての投資規模拡大の道が閉ざされてしまうのです。

中古区分マンションへの投資をしてもいいのは一部の方に限られます。現預金が多くあり、キャッシュで物件を購入できる方（預金に置いておくよりはよい利回りで運用できます）、相続税対策で現金を不動産に変えて相続税評価額を下げたい方、建物を建物本体と建物付属設備に分けての減価償却費狙いの投資をしたい高額所得者の方、などです。ただしその場合であっても、資産性を考えると投資用に作られた単身者向け物件（ワンルームマンション）ではなく、大手デベロッパーが分譲した自宅用としてもニーズのあるファミリーマンションを購入すべきです。

最後に実際に当社にご相談があった方の中古ワンルームマンションの事例を見てみましょう。この方はすでに中古区分ワンルームマンションを購入済みでした。

ケーススタディ3

【物件概要】

構造	築15年
築年数	鉄筋コンクリート造
物件金額	2,480万円（土地 124万円、建物 2,356万円）
購入諸費用	74.4万円
総投資金額	2,554.4万円
年間満室想定賃料	111.6万円
表面利回り	4.5%
運営費用	20.2万円
NOI	91.4万円
FCR	3.57%

その他条件　4年に一度退去発生し2カ月空室、8年後賃料5%下落、適用税率33%

【融資計画】

借入金額	2,480万円（自己資金 74.4万円）
金利	2.0%
期間	35年（元利均等返済）

【売却条件】

売却金額	2,100万円
売却表面利回り	5.05%
譲渡費用	57.7万円

近年は中古ワンルームマンションの利回りが低下傾向であり、新築区分ワ

図表21　中古区分ワンルームマンションの保有中キャッシュフロー

購入後年数	1	2	3	4	5
年間満室想定賃料	1,116,000	1,116,000	1,116,000	1,116,000	1,116,000
実効総収入	1,116,000	1,116,000	1,116,000	1,116,000	930,000
運営費用	202,688	202,188	201,693	201,202	200,717
純営業収益	913,312	913,812	914,307	914,798	729,283
元利返済額	985,838	985,838	985,838	985,838	985,838
税引前CF	−72,526	−72,026	−71,531	−71,040	−256,555
純営業収益	913,312	913,812	914,307	914,798	729,283
支払利息	491,485	481,507	471,327	460,942	450,347
減価償却費	683,240	683,240	683,240	683,240	683,240
課税所得	−261,000	−250,000	−240,000	−229,000	−404,000
納税金額	−86,100	−82,500	−79,200	−75,500	−133,300
税引後CF	13,574	10,474	7,669	4,460	−123,255
税引前CF（累計）	−72,526	−144,552	−216,083	−287,123	−543,678
税引後CF（累計）	13,574	24,048	31,717	36,177	87,078

購入後年数	6	7	8	9	10
年間満室想定賃料	1,116,000	1,116,000	1,116,000	1,060,200	1,060,200
実効総収入	1,116,000	1,116,000	1,116,000	883,500	1,060,200
運営費用	200,237	199,762	199,291	198,825	198,363
純営業収益	915,763	916,238	916,709	684,675	861,837
元利返済額	985,838	985,838	985,838	985,838	985,838
税引前CF	−70,075	−69,600	−69,129	−301,163	−124,001
純営業収益	915,763	916,238	916,709	684,675	861,837
支払利息	439,539	428,512	417,263	405,786	394,078
減価償却費	683,240	683,240	683,240	683,240	683,240
課税所得	−207,000	−195,000	−183,000	−404,000	−215,000
納税金額	−68,300	−64,300	−60,300	−133,300	−70,900
税引後CF	−1,775	−5,300	−8,829	−167,863	−53,101
税引前CF（累計）	−613,753	−683,353	−752,482	−1,053,645	−1,177,646
税引後CF（累計）	−88,853	−94,153	−102,982	−270,845	−323,946

ンルームマンションとそれほど大きな差はなくなっています。本物件の場合、1年目の税引前CFがマイナス7万円となっており、手出しが発生しています。不動産所得がマイナスになることで税金還付が8.6万円あるおかげで税引後CFはかろうじてプラスになります。10年間の累積をシミュレーションすると、税引前CFでマイナス117.7万円、税引後CFでマイナス32.3万円となっています。

中古区分ワンルームマンションのセールストークとして、「キャッシュフローはあまり出ませんが、長期で保有することで借入金額の返済が進むので資産形成に有効で、老後の私的年金として会社員の方にお勧めです」という類のものがあります。本物件を10年間保有し売却した時の結果は次の通りです。

図表22　売却時のキャッシュフロー

売却表面利回り	5.05%
物件売却価格	21,000,000円
譲渡費用	577,500円
借入残高	19,382,405円
税引前CF	1,040,095円

取得費(減価償却前)	24,800,000円
減価償却累計	6,832,400円
取得費(減価償却後)	17,967,600円
譲渡所得	2,454,000円
譲渡所得税	490,800円
税引後CF	549,295円

確かに借入金額の返済が進んだことで、売却利益も出て、売却時における

税引後CFは54.9万円でました。

投資トータルで見ると、以下の通りになります。

保有中＋売却キャッシュフロー累計（税引前）　▲13.7万円
保有中＋売却キャッシュフロー累計（税引後）　22.5万円

これの意味するところは、投資初期に自己資74.4万円を投じて10年間運用した結果、22.5万円になって戻ってきた、ということです。10年間という期間を使って運用したにもかかわらず、50万円以上損をしたということです。

いずれにしても、融資を前提にした不動産投資で将来の経済的安定を得たい方、キャッシュフロー数百万円単位以上を目指している方にとって、中古区分ワンルームマンションはお勧めできません。

融資に有利な「新築一棟」はキャッシュフローが見込める

新築一棟のアパートやマンションはどうでしょうか。最新の設備が導入されていますのでおのずと競争力は高くなり、高い賃料が設定でき、修繕リスクがないのも魅力です。建物自体に資産性があり長期間の融資がおりやすく、キャッシュフローが出やすいので、区分マンションのような手出しに困ることもありません。

ただし、新築一棟であれば必ず成功するわけではありません。この数年で不動産市況は活況となり、一棟収益物件の価格が高騰しました。そして、中古物件の利回り低下を受けて、新築一棟物件への投資に関心を寄せる方が増えています。先述した通り、新築一棟物件は賃料が中古に比べて高く、建物が新しいので修繕費も低く抑えられる……。一般にはそうとらえられているため、一見すると魅力的に感じるのです。

また、利回りも以前と比べると新築と中古での差は小さくなってきている傾向があります。中古物件より少し低い程度であれば、新築一棟物件は魅力的な投資先に映るはずです。しかし、いくつかの罠がありますので注意しないといけません。大きく2点を挙げましょう。

①賃料の妥当性（今後の賃料下落はどの程度か）

新築物件の賃料は中古に比べて高めに設定できますが、数年経過後、あるいは最初の入居者が退去したあと、大きく下落する可能性があります。なぜなら「新築プレミアム賃料」がなくなるからです。

日本で同じ立地で新築物件と築10年の中古物件、どちらの住宅に住みたいかと問われると、ほとんどの人が新築と答えるでしょう。日本人は新築が大好きで、まだ誰も住んだことがないことに価値があると思い、過去に何人も住人が入れ替わった中古の部屋よりも高い賃料でも借りたいと思うのです。このように新築未入居の部屋で賃料が高く取れることを「新築プレミアム」といいます。

しかし新築で入居した人が退去すると、次は当然中古物件（築浅物件）としての募集となり、新築プレミアムが無くなる場合があります。近年は新築物件の供給も多いことから、以前より新築プレミアムは取りにくくなりましたが、それでも新築ということで高値での賃料付けをしている傾向は強く、退去によって賃料下落は起こると考えていいでしょう。ただし必ずしもすべての物件で大幅に賃料下落が起こるわけではありません。

新築物件を供給する不動産会社・建設会社によっては、新築時の入居賃料を相場以上に吊り上げていることが散見されます。賃料を吊り上げれば同じ利回りで販売するにしても販売金額を上げることができ、会社が儲かるからです。

吊り上げ方としては、賃貸仲介会社に支払う広告料を、相場1カ月のところを3〜4カ月相当にしたり、入居後一定期間（例えば2カ月間とか）の賃料が無料になる「フリーレント」を付けたりとさまざまです。その場合、一度退去が出ると、次からは賃料が大幅に下落してしまいます。

例えば、先のようなやり方で賃料を吊り上げた状態で表面利回り8.0%の新築物件の場合、5年後に賃料が20%下がったと仮定すると利回りは6.4%。空室・滞納損失や運営費用などを考慮すれば、総収益率FCRは5%を切るため、購入資金の多くを融資利用とした場合、金融機関への返済もぎりぎりの状態に陥ります。空室が長期化すれば、借入の返済が厳しい状況となりかねません。

ちなみに当社では新築一棟物件の開発供給を行っておりますが、無理な賃料の吊り上げは一切行っておりません。事実、過去に販売した物件では急激な賃料下落は起こっておらず賃料が安定しています。

新築物件を検討する際は、レントロール記載の賃料が相場相当なのか、それとも吊り上げられたものなのか、厳しく精査する必要があります。仮に吊り上げられたものだった場合は賃料の大幅下落を前提に、下がったあとでもキャッシュフローが出るかどうか、シミュレーションをする必要があります。

②利回り、事業計画に嘘はないか

新築一棟物件の利回りや会社側からの提案資料である事業計画書・キャッシュフローシミュレーションには、意図的に投資パフォーマンスをよく見せようという罠が潜んでいることがあります。

例えば先ほど紹介した、賃料下落についてほとんど考慮されていない、あるいは下落幅の想定が甘いということが挙げられます。さらに、これは新築一棟物件に限ったことではありませんが、空室・滞納損失や運営費用で考慮されるべき項目が計算に入っていないケースも多く見られます。ひどいケースになると、利回り計算をする際に本来算入すべき数字を意図的に外して表示させ一見利回りを高く見せていることもあります。

実例を挙げてみます。この物件の概要書には、表面利回り7.46%として紹介されていました。

ケーススタディ4

ある新築一棟物件の概要

【総事業費】

土地価格	3,500万円
建築費	3,600万円（税抜）
建築費消費税	360万円
事業費合計	7,460万円（a）

【その他諸費用】

外構・地盤工事	350万円（b）
その他建築諸費用	950万円（c）
総事業費	8,760万円（a＋b＋c）

【運用中の想定条件】

年間満室想定賃料	530万円
空室・滞納損失	25万円
運営費用	120万円

【資金計画】

借入金額	8,000万円（自己資金760万円）
金利	2.0%
融資期間	35年
元利返済額	331万円

この物件概要書に記載の表面利回り7.46％というのは、「消費税およびその他諸経費を控除した金額」で年間満室想定賃料を除算した値とのことでした。

嘘の表面利回りを計算する

表面利回り

＝満室想定賃料 530万円÷（土地価格 3,500万円＋消費税抜き建築費 3,600万円）＝7.46％

これは、不動産投資の利回りを全く表していません。そもそも表面利回り自体が投資判断の役に立たないことは先に述べた通りですが、最初に目にする利回りであるため、不動産投資・賃貸経営の初心者向けに利回りを高く見せて販売しようということなのでしょう。

本来の表面利回りは、「年間満室想定賃料÷物件金額（税込）」で求められ、物件金額には外構・地盤改良費用や給排水引き込み工事など、建物に付随する一切の工事費用が含まれるべきです。

そして不動産投資の真の利回りは、満室想定賃料から空室・滞納損失や想定される運営費用を引いた純営業収益NOIを総投資額で除算した時に算出される総収益率FCRで表されます。この物件のNOIおよびFCRは次の通りです。

純営業収益NOI

＝満室想定賃料 530万円－空室・滞納損失 25万円－運営費用 120万円

＝385万円

総収益率FCR

＝NOI 385万円÷総投資額 8,760万円＝4.39％

この物件のキャッシュフローおよびイールドギャップを見てみます。

ローン定数K

＝元利返済額 331万円÷総借入額 8,000万円＝4.14％

税引前CF

＝NOI 385万円－元利返済額331万円＝54万円

イールドギャップ

＝FCR 4.39％－ローン定数K 4.14％＝0.25％

キャッシュフローだけを見ると、今は54万円という一定金額が出ていますが、そのキャッシュフローを得るために自己資金600万円以上と借入金額8,000万円、合計9,000万円近い金額を投下しており、投資規模に対してキャッシュフローが薄過ぎます。イールドギャップはわずか0.25％と、今後の新築プレミアムがなくなったあとの賃料下落によって返済が極めて厳しい状況に陥ること必至です。

この物件でキャッシュフローを得るには、自己資金をより多く投下する以外に方法はありません。総収益率FCRからのリターンを期待するわけです。しかし、物件自体のFCRは4.39％ですので、私であれば他の物件に貴重な自己資金を投下します。

このように、嘘の表面利回りを鵜呑みにして、「中古物件が利回り8％台のなかで、新築物件で7.5％前後あればよい投資先だ」と勘違いして投資を行っている方が、当社の投資相談にも一定数来られます。ところが、当社としてはどうすることもできないケースが多く（金融資産が一定以上あればリカバリーできる物件の購入も可能ですが、そうでない方は持ち続けるしかありません）、何事も初期設定が大切だといえます。

新築一棟の購入を検討している方のなかには、主にハウスメーカーや一部アパート専業ビルダーが提案する、サブリース（賃料保証・一括借上）契約があるから安心、と考えている人もいるのではないでしょうか。

サブリース契約とは、所有する物件をハウスメーカー・アパートビルダーの子会社（サブリース会社）が借り上げて、第三者に転貸する契約をいいます。

多くは30年賃料保証などと銘打ち「一括借上があるので、賃料は寝ていても入ってきますよ」などとセールストークをしますが、そのような賃料保証を永続的に受けることは不可能です。30年賃料保証とは「賃料の支払いは30年保証するけれど、その保証する金額は30年間一定ではない」ということです。

例えば、物件購入後サブリース契約により物件運営をし、歳月が経って突然サブリース会社が保証賃料の減額を提案してきたとします。「賃料保証といいながら、それはおかしい」と、減額交渉を断るとどうなるでしょうか。契約を解除され、入居者を他の物件に移されるかもしれません。そうなると全室空室となり、金融機関への返済が滞ります。

サブリースの場合、入居者と賃貸借契約を結んでいるのは物件所有者ではなくサブリース会社です。ですからサブリース会社側は、極端にいえば物件所有者との契約を解除後、その物件の入居者をどうしようが勝手なのです。

賃料の減額を受け入れた場合も厳しい状況が考えられます。不動産投資・賃貸経営は購入または建築時に借入をするケースがほとんどですから、保証賃料を下げられると返済原資が不足し、返済不能になるリスクがあるのです。30年もの長期にわたり賃料が安定して入ってくる。そんな会社の甘い言葉に踊らされてはいけないということです。

2020年12月に「賃貸住宅の管理業務等の適正化に関する法律」（いわゆるサブリース新法）が施行されています。先述のような問題が全国各地で起きたことを国が問題視し施行された法律となります。法律は大きく2つの柱で構成され、①不当な勧誘行為の禁止、②重要事項説明の実施、となります。保証賃料が下落するリスクがある点や契約期間中であっても状況によっては契約解除になる点などを、広告・営業トークなどで伝えること、そして書面でも説明し記名捺印を取り付けることになりました。私の所感では多少改善されるとは思いますが、営業で日々他社の動向を見ていますが現場レベルではあまり変わっていないというのが現状です。

その他、新築一棟を検討する際には、売主の開発体制を知ることが重要です。通常、不動産会社が土地付きの新築一棟物件を開発するとなると、建物建築については建設会社に丸投げする形となります。そのような体制だと建設会社の利益と不動産会社の利益が乗ることになり、どうしても投資家に提供する時には物件金額が高くなり、利回りが低くなりがちです。原価が高いため、利回りで細工しようと先に述べたような賃料の部分で相場以上の高値チャレンジをする傾向が強くなります。一見利回りがよくてもその賃料を維持できない可能性が高いということです。

数は少ないですが、不動産会社自身が工務店となり、建物建築し販売もしている不動産会社の物件であれば、原価構造的にも無理をする必要がなく、賃料についても無理をした値付けをしていない可能性が高くなります（もちろんその場合であっても賃料の妥当性を調べることは重要です）。当社においても、建設業の許可を取得し自社設計・自社施工、販売までの製販一体体制となっており、高い利回りの物件を投資家の皆さんに提供しています。ちなみに建設会社が開発販売している物件もありますが、賃貸ニーズの把握が弱いケースがあり購入後の管理運営面を考えれば、製販一体の不動産会社のほうが安心感はありそうです。

注意点はいくつかありますが、新築一棟物件は低金利で融資が長期間組めたり、保有後10〜15年は大きな修繕費用がかからないといったメリットがあります。そのメリットを享受するには、初期設定の段階でしっかりと賃料下落の想定および負荷をかけて、事業計画を立てることが中古物件以上に重要です。

「中古一棟」はリスクをコントロールすればよい投資になる

収益物件を活用し資産を拡大していくための投資先として、「中古一棟物件」は有効な投資先となります。何でもよいわけではありませんが、融資を継続的に受けて資産規模を拡大させるには、中古一棟物件を不動産ポートフォリオに組み入れることは必要になってきます。

メリットはいくつかありますが、まず賃料の安定が挙げられます。中古一棟物件は新築物件と異なり、購入後短期間に賃料が大幅に下がるリスクが低いです。長期入居の方が退去すれば下がることはありますが、数年間住んだ程度では賃料はほぼ下がりません。そのため、購入時の利回りが保たれやすいのです（ただし、間取り・住宅設備が今の賃貸ニーズに耐えられるスペックは必要となります）。

賃料に対する物件金額が相対的に安く、利回りが高い点も中古一棟物件ならではといえます。高い利回りの物件でしっかりとキャッシュフローを出して次の投資原資にしたり、キャッシュフローを積上げ純資産を大きくしたりできるわけです。構造にもよりますが物件金額に占める土地価値の割合が比較的大きく、経年による物件金額下落を下支えされやすいというメリットもあります。

ここ数年は物件金額高騰の影響で利回りが低下し、中古一棟物件のメリットが薄れている事実があります。また、融資厳格化の流れで融資期間が伸びにくくなったり一定以上の自己資金を求められる傾向があります。

しかし、中古一棟物件は物件の個別性が非常に強く、物件金額高騰下のマーケットであっても利回りの取れる物件が一定数存在しますので、そういった物件を投資対象としていけばよいのです。新築一棟の場合は土地相場とその上にのる建物建築費用で物件金額が決まりますが、中古一棟は相対取引が基本となり、相場はありますが相場通りの金額で物件が提供されるとも限らないのです。高い場合もあれば安い場合もあります。それくらい中古一棟物件は個別性が強いのです。

ただし、よいことばかりではありません。中古一棟にも隠された罠があり、注意を払う必要があります。それは大きく2つあります。

1つは修繕リスクです。中古一棟物件では室内修繕工事と外壁・屋上（屋根）防水工事という2つの修繕を常に考慮しなければなりません。長期入居者が退去して室内をフルリフォーム（一定の住宅設備の更新含む）する場合、単身者向けで30万円前後、70㎡以上のファミリー物件で70〜100万円程度の費用がかかります。

大規模修繕工事と呼ばれる外壁・屋上（屋根）防水工事は物件規模にもよりますが、アパートタイプで200〜400万円、マンションタイプで1,000万円以上のコストが必要です。新築物件にはないデメリットといえます。

修繕リスクを回避するには、購入前に修繕履歴を取り寄せるとともに、実際に現地で建物を見て劣化状況を確認することです。ご自身で判断できない時は、管理会社やリフォーム会社の人と同行すれば客観的なアドバイスと費用を知ることができると思います。事前に将来の修繕コストおよび修繕時期の目安を知っておく必要があります。

もう1つのデメリットは融資期間が長期で組みにくいことです（融資の詳細は第5章参照）。これまでの解説の通り、融資は長期で引くことが大前提ですが、建物の残存耐用年数が少ない、あるいは超過した物件には一部金融機関を除き、長期融資が難しくなります。

長期間の融資が組めないとなると、利回りFCRが高くても、ローン定数Kが大きくなり過ぎてイールドギャップが取れない、つまり借入レバレッジを効かせてのキャッシュフローが出にくくなります（元金返済は進むため、売却時キャッシュフローは得やすくなります）。対策としては、購入される方の属性（年収、金融資産など）と居住地によって変わりますが、築年数が経過した物件でも長期融資が可能な金融機関を見つけ融資を受けるというシンプルな方法しかありません。

このように、中古一棟物件であれば何でもよいわけではありませんが、うまくデメリットをコントロールすればよい投資先になり得ます。

こういった中古一棟物件のリスク・デメリットは、「リノベーション」である程度コントロールすることができます。

収益物件の流通経路には大きく分けて「仲介」と「不動産会社が売主」という2つのパターンがあります。仲介とは売主と買主の間に「不動産売買を仲介する不動産会社」が入った流通形態で、不動産会社が売主とは仲介会社を通さず「不動産会社」が自ら売主となって直接売買する流通形態です。

この場合、仲介物件は原則「現状渡し」となり、大規模修繕工事や各種メンテナンスなどはせず、買主に引き渡されます。修繕費用などをかけずに仲介のみを行うため、一見すると利回りが高いように見えますし、場合によっては掘り出し物件に出会える可能性もあります。買主にとっては、自らの創意工夫でリノベーションを行える面白さもあります。しかし、想定以上に修繕費がかかって結局利回りは月並みになってしまうことはよくあります。

一方、不動産会社が売主の物件では、すべてではないですが大規模修繕工事や室内リフォームを施したリノベーション物件が一部であります。リノベーション物件のメリットは、先に紹介した中古一棟物件のデメリットである修繕リスクを低減できる点と、それにより長期融資が受けられる可能性が上がることです。不動産会社自らが物件オーナーとして一定期間保有するため、滞納者の有無といった入居者の素性など、物件の購入検討時に把握しておきたい情報を適切に開示してもらえる点もあります。

こういった不動産会社売主のリノベーション物件は、超高利回りの掘り出し物件であることはまずないのですが、投資理論で考え、投資として成り立

図表23　仲介取引と直接売買取引

1. 仲介購入（仲介会社を介す取引）

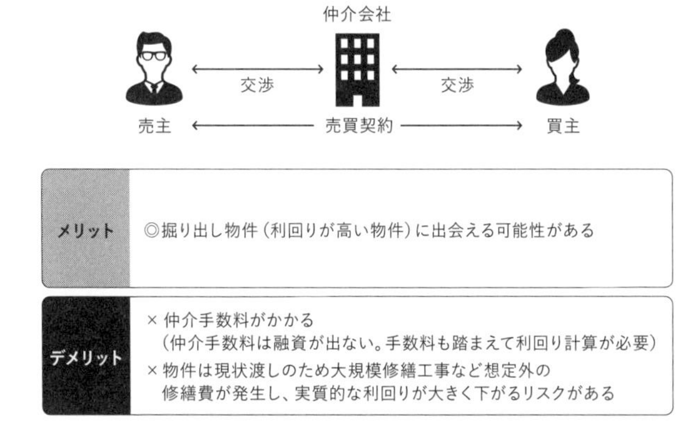

2. 直接購入（仲介会社を介さない取引）

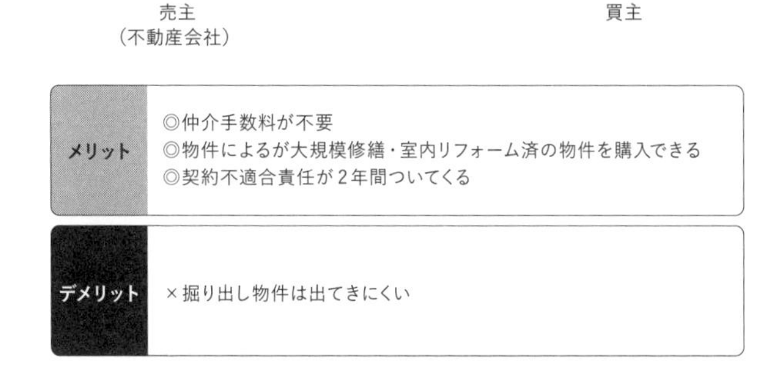

つのであれば、リスクを抑えての中古一棟物件での不動産投資ができるのでお勧めです（当社でも関東圏・関西圏の一棟中古リノベーション物件を開発提供しています。大規模修繕・室内リノベーション工事実施済みの他、購入後の退去時の修繕保証を付けることが可能であり、かつ利回りも高いということで、リスクを抑えて投資リターンを得たい不動産投資家の方に人気です）。

目的別に建物の構造・築年数を選ぶ

建物の構造や築年数から投資対象を選ぶのもポイントです。大きく分けると、建物構造は次の4タイプになります。

木造
軽量鉄骨造
重量鉄骨造
鉄筋コンクリート造（RC造）

それぞれの特徴を挙げましょう。

木造と軽量鉄骨造は似ていて、2〜3階建てのアパートに使われる構造なので、エレベーターなどの設備も不要なことから、運営費用が低くなります。建物の規模もそれほど大きくないので取り組みやすく、将来的に解体する場合にも他の構造に比べると簡易にできるので処分コストもそれほどかかりません。特に中古の場合、減価償却費が短期で計上できるので、税金対策に向いています。

一方で、法定耐用年数は短く、金融機関によっては融資期間が短くなりがちです。融資期間が長期で組めなければキャッシュフローを得にくくなり、次の再投資原資が貯まるのに時間を要します。ちなみに、融資面を考えれば、物件規模が大きすぎる木造・軽量鉄骨造の物件は避けたほうが無難です。今融資を受けられたとしても、売却時に次の買い手が融資を受けられない可能性が高いからです。木造・軽量鉄骨造の物件は将来の売却時の価格が1億円を下回るような物件規模がお勧めとなります。そうなると、一棟あたりの金額は小さくなりますから、一定のキャッシュフローを得ようとすれば複数棟を保有する必要があります。

鉄筋コンクリート造（RC造）は建物が堅固で長期利用できることから金融機関からの評価が高く、融資を長期で組みやすくローン定数Kを低くすることができるのが特徴です。一棟当たりの規模が大きい物件が多く、1回の取引で投資規模が拡大しやすいのも見逃せない点でしょう。

ですが、鉄筋コンクリート造の建物は固都税などの運営費用が高く、修繕費用や将来の解体費用も重くのしかかります。エレベーターや消防など設備費用もかかり、物件の流通価格的に利回りが低いこともあり他の構造と比べるとどうしても実質的な利回りFCRは低くなりがちです。中古物件でも減価償却期間が長く、木造・軽量鉄骨造ほどの節税効果を見込むことも難しいでしょう。

融資のつきやすさは圧倒的に優位ですが、物件金額はマンションだと数億円単位になります。融資が厳格化し一定の自己資金を求められるなか、そもそも買うことができる物件が少なく、物件自体の数もそれほど多くありません。

なお、重量鉄骨造のメリット・デメリットは、木造・軽量鉄骨造と鉄筋コンクリート造との中間くらいになります。中古物件の場合で長期融資が組めればRC造より利回りは高い傾向があるのでよい投資になる可能性があります。

では、目的別に建物の構造や築年数を選ぶとしたら、どう考えればよいでしょうか。

まず長期保有でキャッシュフローを目的とするなら、中古の鉄筋コンクリート造が低金利で長期の融資を受けられるメリットが際立ちます。

ただし、中古鉄骨造や新築木造で長期の融資が受けられるならキャッシュフローが出ますから、その場合はこちらに含まれます。

他方、詳細は後述（第5章参照）しますが、減価償却による節税が目的なら、中古木造と中古軽量鉄骨造が投資対象になります。ところが、こういった物件は融資期間が延びづらく、多くの金融機関では10〜15年くらいがせいぜいでしょう。そうすると保有期間中にキャッシュフローは出にくくなりますが、節税としても目的が明確であれば投資としては成り立ちます。また一部金融機関はこういった築古物件にも長期融資に応じますので、その場合はキャッシュフローと節税が両立します。

このように大事なのは、状況や目的に応じて建物の構造を選ぶことです。どの構造がよいという単一的な答えはありません。

物件を見極めるレントロールの見方

不動産投資・賃貸経営は基本的に賃料収入を目的に行う事業で、年間賃料の多寡が収益物件の価格形成における大きな決定要素になります。そのため、物件選定の第一歩として前述した「レントロール」の確認は不可欠です。繰り返しますが、レントロールとは賃貸条件一覧表のことで、入居者ごとの契約賃料、契約者の属性（職業など）、礼金、敷金・保証金などがズラリと並んでいます。

レントロールのチェックポイントには、敷金返還債務の金額や、賃料に水道料が含まれていないかなどいろいろありますが、やはり一番大切なのは賃料です。もう少し具体的に見てみましょう。

賃料のチェックといえば、空室部分の想定賃料が適正かどうかを考える方が多いのですが、実際にはもっと踏み込んで考える必要があります。それは、すべての部屋から入居者が退去したとして、今から新たに入居募集した場合いくらの賃料で決まるか、そして、その際の年間賃料がいくらになるかということです。これを当社では「引き直し賃料」と呼んでいます。例を挙げて説明します。

ケーススタディ5

【サンプル物件1】

概要	1K（25㎡）×17戸
物件金額	1億円
年間満室想定賃料	1,020万円
表面利回り	10.2%

図表24　サンプル物件1のレントロール

号室	賃料	共益費	月額合計（現況）	敷金保証金
101	44,000	3,000	47,000	
102	53,000	1,000	54,000	200,000
103	42,000	3,000	45,000	
104	51,000	0	51,000	
105	53,000	2,000	55,000	350,000
201	50,000	0	50,000	
202	45,000	1,000	46,000	
203	50,000	0	50,000	
204	56,000	3,000	59,000	250,000
301	46,000	0	46,000	
302	50,000	0	50,000	
303	47,000	0	47,000	
304	56,000	1,000	57,000	250,000
401	50,000	0	50,000	
402	42,000	3,000	45,000	
403	50,000	3,000	53,000	
404	43,000	2,000	45,000	
合計	828,000	22,000	850,000	1,050,000

※全室契約中で想定

年間	1,020万円
表面利回り	10.20%

賃料を査定し、
それを基に
引き直し賃料を設定
→

引き直し賃料
42,000
42,000
42,000
42,000
42,000
42,000
42,000
42,000
42,000
42,000
42,000
42,000
42,000
42,000
42,000
42,000
42,000
714,000

年間	856.8万円
表面利回り	8.57%

1.63%ダウン↘

本ケーススタディのレントロールを詳細に見てみると、賃料にかなりのばらつきがあることが分かります。

賃料相場を調査したところ、現在は1室4.2万円でなければ入居付けできないとの結果が出ました。すると、引き直し年間想定賃料は4.2万円×17戸×12カ月＝856.8万円となります。

物件金額1億円、表面利回り10.2％で購入したつもりの物件が、現在のポテンシャルとしては8.6％弱となっているのです。もちろん、購入直後に退去が続出することはありませんが、一度退去が出るとその部屋が4.2万円になること、そして長期的には引き直した利回りに収束していくことは購入前から想定しておくべきです。一見すると利回りが高い物件を高値掴みすることを避けられます。

ただし、賃料相場を調査し賃料の妥当性を一般の個人投資家が判断するのはなかなか難しいかもしれません。そこでお勧めなのは、物件周辺エリアの賃貸仲介会社に意見を聞くことです。エリアのマーケットを熟知した賃貸仲介会社なら賃料の相場を理解しています。

当社でも管理会社として、事業展開しているエリアの賃料相場はおおむね把握していますが、最終の想定賃料の確定は各地域の賃貸仲介会社に確認を取ったうえで行います。賃料相場は日々変化していること、時期による賃料の変動などがタイムリーに起きているからです。入居者募集活動を通じて各エリアの賃貸仲介会社との関係性を構築し、相場観などを日々アップデートしているのです。

収益物件は想定していた賃料を外すと、投資パフォーマンスに大きな影響を及ぼしますので、レントロールの賃料を鵜呑みにするのではなく、現在の賃料を正確に把握する必要があります。

空室率を適正に想定すると よい物件が購入できる

不動産投資にはさまざまなリスクが存在しますが、投資家にとって特に気になるのは空室リスクです。一方で、空室リスクを適度に評価することができれば、よい物件を購入する選択の幅が広がります。

まず前提と現状を整理します。現在の不動産投資の主流は、相場上昇を期待して安く買って高値で売り抜けるキャピタルゲインではなく、賃料収入を得るインカムゲイン狙いです。当然ながら賃料を支払ってくれる入居者がいる前提があるため、空室はできる限り少なくしなければなりません。

しかし、現在日本は人口減少社会に突入していること、新築物件の供給急増でエリアによっては需給バランスが崩れていること、主にこの2点を理由に入居者を集めにくい状況になってきましたし、今後その傾向は一層強くなっていきます。東京都心部でさえ投資用として建てられた物件供給が増えており空室が増えています。

「平成30年住宅・土地統計調査結果」(総務省統計局)によると、賃貸住宅の空室は432万戸を超えており、空室率は22.7%にのぼりました。おおよそ5室に1室以上は空室という計算です。2015年の相続増税により賃貸住宅の着工戸数がさらに増加していることから、賃貸経営はさらに厳しい状況になっていくでしょう。

実際に投資をする際は、年間満室想定賃料から空室リスクの部分を考慮して収入をみなければなりません。空室リスクへの対策は次の2つです。

①対象エリアのミクロマーケット(需給バランス)を精査する
②入居付けに強い管理会社をパートナーにする

1つ目は広域的な空室率ではなく、より狭小なエリアでの空室率を見なければなりません。行政区単位では大きすぎ、最寄り駅と間取りをセットで考える必要があります。

分かりやすい例でいえば、関西圏の某有名私立大学があるエリア近辺の空室率は極めて高い状態です。理由は、学生狙いの新築物件が相次いで建設されて供給過剰気味なところに、昨今の大学の都心回帰の流れで一部の学部が市街地に移転したことで、需給バランスが完全に崩れたからです。そのエリアは郊外ということもあり、学生以外の入居者はあまり期待できません。当社にも、このエリアの物件の賃貸管理をしてほしいと依頼が入りますが、入居付けが厳しいため丁重にお断りしています。

このようにミクロマーケットの需要と供給のバランスを見て、努力をしても空室を埋められない・苦戦すると考えた場合、投資をしない判断をしなければなりません。

土地オーナーの方とは異なり、新たに土地付き一棟収益物件を購入する投資家の方にとっての最も有効な空室対策は、入居者募集に苦労する物件を購入しない、ということです。

2つ目の対策についてです。現在、物件の二極化が進んでいます。ある物件は満室なのに隣にある同じようなタイプの物件は半分ほども空いている……。こうした状況が散見されます。エリアは同じなのでマーケットに違いはなく、物件のタイプが似ていれば空室率も同程度になるはずですが、なぜ一方では空室が目立つのでしょうか。

これは、管理の良し悪しで結果が二極化しているからです。賃貸管理の業界では、アナログな手法で旧態依然とした管理運営を続けている会社が少なくありません。一方でIT・不動産テックを駆使し、入居者募集の新たな手法を生み出すことで高い入居率を実現している管理会社もあります。管理会社選びの重要性が高まっているということです。

旧来の管理運営をしている会社が多いという現状を考えれば、視点を変えると管理会社の選び方さえ間違わなければ、空室リスクを抑えられることを意味します。

空室リスク対策以前に、物件購入時の空室率の想定にも問題がある場合があります。

一部の投資家の方は空室率20％を投資判断にしているようです。前述の全国平均空室率や金融機関の収益還元評価（211ページ参照）算定時の考えを参考にしていると思われます。金融機関のなかには、満室想定賃料に空室率20％をかけて収益還元評価を算出しているケースがあるため、投資家の方も空室率20％を使い判断材料にしているのでしょう。

ただし、賃貸管理会社の立場で多くの物件を管理運営してきた経験から、空室率20％という数字は高すぎるというのが私の見解です。現在、当社で収益物件の提案をする際は、物件・エリア・築年数・間取りにより空室率を2～5％と想定しています。当社での実績値からこの値を採用していますが、一般的な管理会社の場合であっても5～10％程度見ておけば問題ありません。想定数値が甘いと不安になる方もいると思うので、簡単な例を示して説明しましょう。モデルケースとして1K×10戸の物件で空室率20％とした場合は、次のような状況が想定されます。

年間貸し出し可能戸数＝10戸×12カ月＝120戸／年

空室率20％の時の年間空室戸数＝120戸×20％＝24戸

投資判断をする際の利回りや金利などは最低年単位で考えるため、空室率も同様に年単位で考えます。この年間24戸の空室がある状況を具体的に示してみると、次のようになります。

- **2戸が12カ月空室であった**
- **3戸が8カ月空室であった**

・4戸が6カ月空室であった
・6戸が4カ月空室であった

いかがでしょうか。事故や自然災害時などを除いて、まずあり得ない状況です。経験上、単身者タイプの物件では、多くても年間1〜2戸の退去が発生する程度で、2戸が12カ月も空いているのは、物件自体に問題があるか、この状況を放置している管理体制に問題があるかです。空室を放置するということは本来得られるはずのお金をドブに捨てているようなものですから、仮に支出を伴うものであっても、何らかの対策を打ち入居してもらうほうが投資期間全体のキャッシュフローはプラスになります。

では、一般的な空室率として推奨している5〜10%の場合、どのような状況が想定されるでしょうか。

空室率10%時の年間空室戸数＝120戸×10%＝12戸

この状況を具体的に示してみると、次のようになります。

・1戸が12カ月空室であった
・2戸が6カ月空室であった
・3戸が4カ月空室であった

入居付けが厳しいエリアでは、こうした状況が起こり得ると思います。したがって悪く見積もっても10%程度を見ておけばよいと考えられます。現在当社が管理している物件の場合、年間平均入居率は98%を超えます。空室率は5〜10%を見ておけば十分負荷をかけているといえるのではないでしょうか。金融機関が収益還元評価を算出する際の空室率20%は、融資の可否を決める際の根拠付けの数値でしかありません。実際の投資判断に用いては正しい判断ができないのです。リスクを恐れて安全性を重視するのはよいことですが、空室率20%を前提に検討するとよい物件が買えません。空室率20%でも耐え得るほどの高い収益性を持った物件があれば理想ですが、探しているうちに時間が刻々と過ぎてしまうでしょう。

地域によっては空室率20%想定でも過剰な負荷と言えない場合もありますが、そのようなエリアはそもそも投資対象として避けるべきです。

1点付け加えると、投資判断の際の損益分岐点、つまりキャッシュフローがマイナスになる時の空室率を把握することが大切なのは、当然いうまでもありません。

図表25　適正な空室率の考え方

空室率 20%：以下の状態が1年中続くこと（リスクを過剰評価している状態）

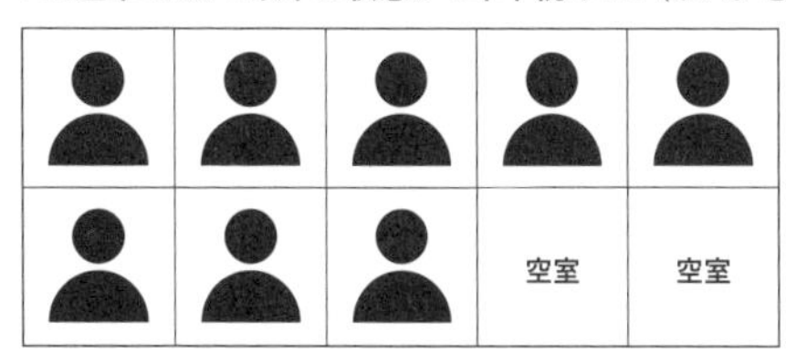

空室率5%：以下の状態が半年間続くこと（現実的なリスク評価ができている）

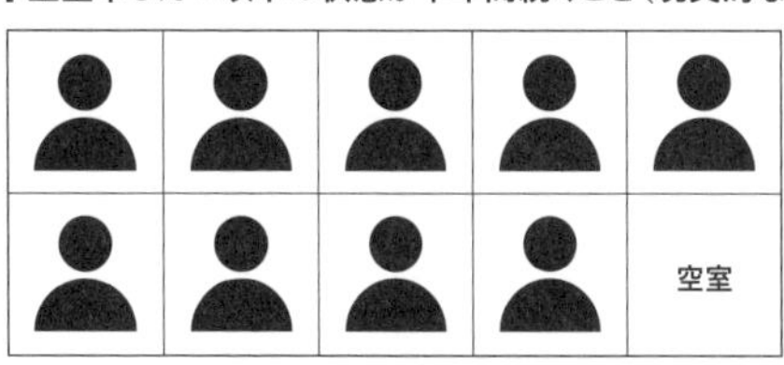

適切な空室率で物件を評価することが大切！

違法物件でも購入検討可能

収益物件の情報が載っているポータルサイトを眺めていると、類似物件と比較すると明らかに利回りの高い物件に出くわすことがあります。本当に優良物件であれば、すぐに売れてしまいそうですが、長期間販売されています。なぜ買い手が付かないのでしょうか。

理由は「違法物件」だからです。多くが法定容積率オーバーの物件で、建ぺい率オーバーのものも一部あります。物件によっては建築時に行政に届け出をしていない物件（建築確認申請をしていない物件）などもあります。

違法物件は関東圏でも関西圏でも多いのですが、特に大阪では違法物件が多く流通している印象です。現在流通している違法物件は、かつて昭和の終わりごろから平成初期にかけて、収益性を上げる常套手段としてよく行われていた習慣の名残です。

新築物件を建てる際は建築基準法など関係法規に基づいて設計し、役所に建築確認申請を行います。その時点で不備があれば見直しを指摘されますから、法律に基づいた設計が不可欠です。ところが、建築確認済証が発行されたあと、実際に建物を建築する段階になって設計を違法に変更し、そのまま建ててしまうことがまれにありました。

例えば5階建てマンションの1階を車庫、2〜5階を住居として申請するとします。その場合、1階の車庫部分は容積率に算入されません（面積の制限はあり）。そして、建築確認済証が出たのち、収益性を上げるために1階の車庫部分を住居に違法に変更し、そのまま建築してしまうのです。車庫から住居に転用することから、“車庫転”“車庫転用”と呼びます。

1階の面積が50㎡の物件があったとします。1階が車庫だった場合、車は4台駐車可能ですから1カ月の車庫代が1区画1.5万円とすると、合計収入は6万円です。しかし、これを住居に転用すれば、1室25㎡の単身者向け住居を賃料8万円で2部屋貸し出せます。すると1カ月16万円の賃料収入となり、1階部分の収益性が2.5倍に上がるのです。

当時は完了検査を受ける意識が薄かったこともあり、そのまま多くの物件が違法建築の状態で登記されていきました。これらの物件は違法な手段で収益性を上げているため、その分、利回りも高くなります。

高利回りの違法物件で肝心の融資は引けるのか——。結論からいうと、融資を出してくれる金融機関は存在しますが、かなり限られます。ノンバンクが有力候補になります。近年はコンプライアンス（法令遵守）の流れを汲み以前より厳しくなりましたが、関西圏の一部の信用金庫・信用組合が融資を出します。

融資は受けられますが、自己資金を多めに求められるなど、取り組みづらい面があるのは事実です。利回りは高いものの売却時に出口がとりづらいのも難点で、現実的には売却が前提でない投資をする時の選択肢といったところでしょうか。例えば、属性の低い人がこういった高利回り違法物件を買ってキャッシュフローを積み上げ現預金を作り、それを次の物件へ速やかに投入すると、資産規模の拡大はスムーズになります。あるいは、立地のよい都心部の違法物件を長期的保有し、立ち退き・解体を行った後で建て替えるという方法もあります。

「土地値物件」に着目した裏ワザ

国内の一般中古住宅に対する評価は、諸外国と比較し不当に著しく低いと感じています。

例えば、築20年を超えた木造一戸建て建物評価は中古流通市場ではゼロになり、ほぼ土地値の価格で取引されます。これは日本人特有の新築絶対主義が大きく影響していると思いますが、もう1点、日本の税制の影響もあると考えています。

例えば木造建物の法定耐用年数は22年です。つまり法律上、「新築木造建物は22年で価値がゼロになりますよ」といっているに等しいのです。

欧米諸国では中古物件の建物にも価値を見出し、正当に評価・取引されています。日本における中古物件の本来の価値と市場価値の差に、違和感を覚えるのは私だけでしょうか。

近年はようやく国も社会資産である既存建物を有効に利用できるよう対策に乗り出し、建物診断（インスペクション）を実施し建物に価値を見出す仕組みを導入しようと模索中です。

その場合に鍵となるのが、金融機関から融資が出るかどうかで、欧米諸国のようにインスペクションや建物の状態をもとに、杓子定規の法定耐用年数内での融資ではなく、柔軟に融資を出す仕組みの構築が必要です。

実はこうした日本の中古不動産における違和感は、不動産投資の“うまみ”を見つける際のポイントでもあります。日本の中古不動産マーケットには矛盾や歪みがあり、それを上手に利用することでよい投資ができるということです。

収益物件は以下の2通りの評価方法で価格が決まります。

①収益還元価格　賃料収入÷還元利回り（キャップレート）
②積算価格　土地・建物をモノとして評価した価格

ここでの積算価格とは金融機関の担保評価ではなく、実売価格を意味します。このうち高いほうの金額が採用され、市場に売りに出されるのが一般的ですが、本来は積算価格が採用されるべき物件が、まれに収益還元価格の金額で売りに出されていることがあるのです。事例を見てみましょう。

以下のような物件が、表面利回り8.57％の収益物件として売りに出されています。

ケーススタディ6

物件概要	**埼玉県南部エリア、最寄駅徒歩5分、平成5年築　軽量鉄骨造　2DK×4戸**
売買金額	**3,500万円**
年間満室想定賃料	**300万円**
表面利回り	**8.57％**

一見すると普通の物件ですが、結果的に公開後2週間で早期に売れてしまいました。この物件は、なぜそれほど人気だったのか——。答えは「土地値」にあります。

【土地】

面積	**165㎡（約50坪）**
相続税評価額	**2,640万円（相続税路線価 1㎡あたり16万円）**
実売土地価格	**4,120万円（実売㎡単価 1㎡あたり25万円）**

相続税路線価ベースでは売買金額以下だった土地値は、実売ベースになると売買金額以上となります。実売土地評価が4,000万円以上にもかかわらず、物件は3,500万円で売りに出されていたわけです。

この際の投資スタンスとしては2つあります。1つは減価償却狙いの節税物件として5年間保有した後、購入金額と同等の金額で売却。もう1つはキャッシュフローを得ながら同時に時間をかけて立ち退きを行い、解体、土地として売却あるいは建替えとなります。

このケースでお伝えしたいのは次の2点です。

- **土地値に着目し、収益還元価格で売りに出されている割安の物件を狙うこと**
- **土地値は相続税路線価ベースではなく、実売ベースで見ること**

お客様と話していると、相続税路線価は実売価格の80％が絶対と信じている方が多いように感じます。不動産投資の関係書籍でよく書かれているように、銀行担保評価の考えが一般的になったからでしょう。

ところが、今回の事例のように相続税路線価ベースでは評価が低くても実売ベースで高評価になるケースはよくあります。投資判断をする際は土地値に着目し、実売でいくらなのかをぜひチェックしてください。

資産管理法人の活用

収益物件を活用して資産運用を行う場合、法人名義で物件を取得することはさまざまなメリットがあります。

法人化のメリット

- **税金が抑えられる（個人に比べて税率が低い）**
- **経費の範囲が広がる**
- **融資面で有利（継続融資が受けやすい）**

ここでは、大きなメリットである税金面について見ていきます。日本の税制は今後、個人は増税、法人は減税という方向です。よって税金の面を考えれば法人名義で物件を購入するほうが有利となります。ただし、個人の年

図表26　個人の所得税・住民税の速算表

課税される所得金額（千円未満切り捨て）＼税率と控除額		所得税	住民税	合計税率	
				税率	控除額
	195万円以下	5%	10%	15%	−
195万円超	330万円以下	10%		20%	9.75万円
330万円超	695万円以下	20%		30%	42.75万円
695万円超	900万円以下	23%		33%	63.6万円
900万円超	1,800万円以下	33%		43%	153.6万円
1,800万円超	4,000万円以下	40%		50%	279.6万円
4,000万円超		45%		55%	479.6万円

2021年3月現在

図表27　法人の実効税率

課税される所得金額	法人実効税率
400万円以下	22.04%
400万円超800万円以下	23.91%
800万円超	34.59%

※2020年度東京都の場合

収・所得によっては個人で物件取得したほうがよい場合もあります。

1つの例として課税所得2,000万円の場合で、個人と法人の実効税率の差を見てみましょう。

【個人の場合】

納税金額（所得税・住民税）

＝2,000万円×50%－279.6万円＝720.4万円

【法人の場合】

納税金額（法人税など）

＝400万円×22.04％＋400万円×23.91％＋1,200万円×34.59％

＝598.88万円

本業の所得が高い方が収益物件を個人名義で取得すると、物件から生み出されたキャッシュフローの大部分を納税しなければならず、税引後CFが最大化しません。

目安としては、給与所得と不動産所得から社会保険料などの控除を引いた課税所得が900万円を超えるようであれば法人化を検討するべきです。給与のみで課税所得が900万円を超える方（額面年収で約1,200万円以上）は、融資面で問題がなければ1棟目から法人での取得がよいでしょう。

法人名義で物件を取得する際、すでに会社を経営している中小企業経営者の方であれば本業の法人名義にて物件を取得することも可能です。本業の業態にもよりますが、事業法人で不動産投資を行うと借入が増えるため総資産が膨らみ、自己資本比率低下など財務面での影響が出てきます。オーナー経営者個人としての資産運用であれば新たに資産管理法人を設立したほうがよい場合もあります。こういった部分も含め中小企業経営者が不動産投資を行う際には多方面で検討する事項があります。詳しくは拙著「中小企業経営者こそ収益不動産に投資しなさい（ダイヤモンド社）」をご覧ください。

法人には株式会社、合同会社、合資会社、合名会社などの種類がありますが、不動産投資・賃貸経営が目的の場合は、株式会社か合同会社が一般的です。どちらがよいかと言えば、一概には言えないものの合同会社のメリットは設立コストが安い程度で、当社としては相続時の自由度などを考えると株式会社を推奨しています。

法人設立の際には、長期的なライフプランを考え、相続についても考慮するべきです。例えば、出資の大部分を子に行わせる、または種類株（無議決権株式）を子に持たせ、自身は出資金額を少なくしながらも議決権を100％持つ方法（黄金株式）にて資産管理法人を設立し物件を取得していけば、将来相続が発生してもすでに不動産資産は子が法人を介して保有している状態ですから、相続財産を減額できるメリットがあります。

生命保険の活用でも法人が有効です。一般的に多くの方は、生命保険や医療保険の保険料は個人の収入から社会保険料や各種税金を引いた手取りのなかから支払われますが、資産管理法人を持っていることで法人の経費のなかから保険をかけることができます。現在は保険料を全額損金にできる保険は解約返戻率が低くなり、途中解約時の損失が大きいのであまり利用されていません。保障をとる目的で一部損金（一部は経費にならない資産計上）が主流となっています。

保険料が法人の損金となれば法人の所得が減り、結果として節税につながります。個人で加入済みの保険も解約すれば、個人の無駄な出費も抑えられるということです。

また、詳細は第5章に譲りますが、法人名義での取得は融資を受ける際にも有利になりますから、資産拡大に法人化は必須といえます。

法人税・所得税などが節税できる究極のスキーム

不動産投資・賃貸経営で節税ができる、ということを聞いたことがあると思います。ここでは、収益物件を活用した節税の仕組みについて紹介します。

収益物件を保有することで物件運用によるキャッシュフローを得ながら、所得税や法人税などを節税、つまり税金をコントロールできるのです。これをタックスマネジメントといいます。まず、不動産投資でなぜ節税できるか、その仕組みを紹介します。

不動産投資・賃貸経営では、実際のお金の動きと会計上の処理が一致しません。例えば金融機関への元利返済額全額が経費にできるかといえば、そうではありません。利息のみが経費であり元金部分は経費にはならないのです。このように、お金の出入りと経費可否は異なります。

支払利息は損益計算書（PL）上の動きであり、元金返済は貸借対照表（BS）上の動きとなります。収入や税金はPLで計算します。

そして節税で重要なのは、実際にお金は出ていかないけれど経費にできる金額をいかに増やせるかということです。具体的には、「減価償却費」をいかに大きく取れるかがタックスマネジメント上最重要となります。

減価償却とは、不動産や設備に投資した費用を一定の期間にわたって費用分配する会計手続きのことですが、投資家としての理解の仕方は、キャッシュアウト（現金支出）せずに毎年経費計上でき、不動産所得を圧縮できるものという位置づけでよいです。つまり、税引後CF（最終手残り）の増加を意味します。

不動産投資には、日々のメンテナンス費用や退去者が出たあとの原状回復費用などさまざまなコストがかかりますので、タックスマネジメントにより、

図表28　減価償却費及び元利返済額の経費可否の関係

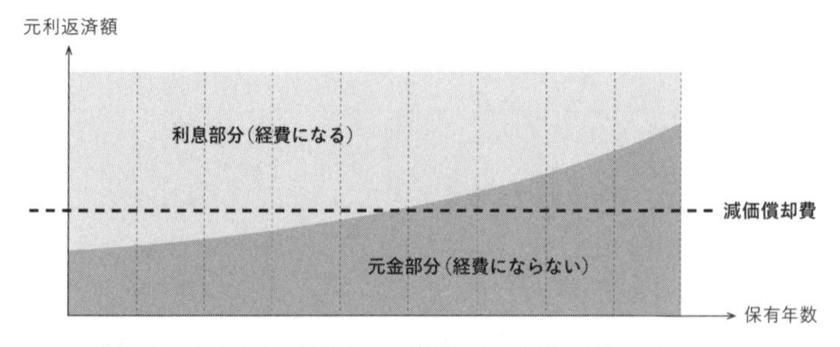

保有期間が長期になるにつれ、元利返済額のうち経費化できる利息分が減少し、経費化できない元金部分が増加します。

いかに現金を手元に置けるかが重要ですし、本当の節税をすることで現預金が積み上がり、次の物件購入時の投資原資とすることも可能となります。

この節税効果が最も有効に働くのが中古一棟物件です。ポイントは単年あたりの減価償却費が多く取れる物件を選定すること。節税が目的の場合は、法定耐用年数を超えた中古の木造や軽量鉄骨造がお勧めです。

新築の場合、減価償却期間は法定耐用年数となりますが、中古物件は以下の通りです。

減価償却期間＝法定耐用年数－築年数＋築年数×20%

※ 法定耐用年数を超過している場合、「法定耐用年数×20%」が減価償却期間となる

例えば築22年以上の木造物件の減価償却期間は4年、築27年以上の軽量鉄骨造の減価償却期間は5年と、新築物件に比べて非常に短期間で減価償却費を計上することができます。短期での償却は所得の圧縮に効果的です。また、

図表29　減価償却のイメージ

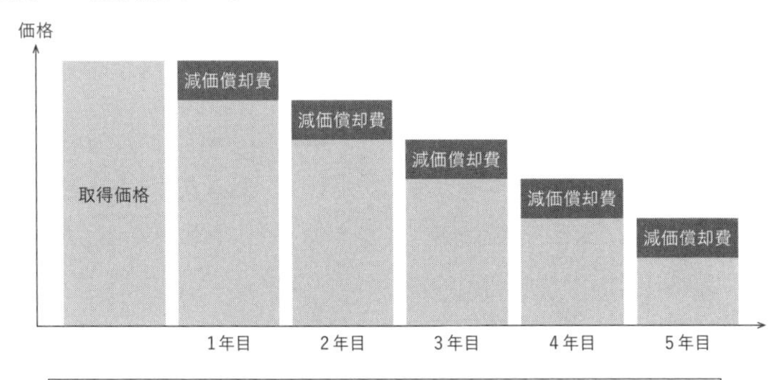

毎年、減価償却費として経費計上する。
キャッシュアウトせずに経費計上でき、結果、不動産所得を圧縮できる。

図表30　住居系建物の構造別法定耐用年数

構造		法定耐用年数
鉄筋コンクリート（RC）造・鉄骨鉄筋コンクリート（SRC）造		47年
鉄骨（S）造	肉厚4mm超（重量鉄骨）	34年
	肉厚3mm超4mm以下（軽量鉄骨）	27年
	肉厚3mm以下（軽量鉄骨）	19年
木造		22年

図表31　減価償却資産の償却率（定額法）

耐用年数	定額法償却率	耐用年数	定額法償却率	耐用年数	定額法償却率	耐用年数	定額法償却率	耐用年数	定額法償却率
2	0.500	12	0.084	22	0.046	32	0.032	42	0.024
3	0.334	13	0.077	23	0.044	33	0.031	43	0.024
4	0.250	14	0.072	24	0.042	34	0.030	44	0.023
5	0.200	15	0.067	25	0.040	35	0.029	45	0.023
6	0.167	16	0.063	26	0.039	36	0.028	46	0.022
7	0.143	17	0.059	27	0.038	37	0.028	47	0.022
8	0.125	18	0.056	28	0.036	38	0.027	48	0.021
9	0.112	19	0.053	29	0.035	39	0.026	49	0.021
10	0.100	20	0.050	30	0.034	40	0.025	50	0.020
11	0.091	21	0.048	31	0.033	41	0.025		

築15年以上が経過した物件で、売主からの資料提供などにより、建物を建物と建物付属設備に合理的に区分することができる場合には、建物を建物本体と建物付属設備に分けて減価償却することで、建物付属設備については減価償却期間が3年となり所得圧縮に貢献してくれます。

ただし、償却期間が短くても償却金額が少なければ意味はありませんので、減価償却できる建物の金額を適正に大きくすることが重要です。

建物金額を大きくするには売主との交渉が欠かせません。

仲介取引などでは売主は個人である場合が多く、建物割合を高くすることも了承してくれそうですが、今度は売主についている税理士や仲介会社から反対されることが多いです。彼らが引用してくるのが、固定資産税評価額の土地・建物割合で売買金額の土地建物金額を決めるべきだ、という考えです。この考えは不動産取引において売買契約書に土地と建物の金額明記がなく、一方で買主側は貸借対照表に土地・建物の金額を載せないといけませんので客観性をもってその金額を決める際によく利用される方法です。

収益物件の第三者との売買取引においては、必ずしも固定資産税評価額の割合按分にて土地建物金額を決める方法のみにとらわれる必要はありません。売主と買主の間で合理的な説明ができる範囲内で価格合意がなされれば一定程度、土地と建物の内訳を決めることは可能と考えられ、それは売買契約書に土地と建物の金額をきちんと明記する、ということです。合理的な計算方法に基づき、算定した結果を踏まえたうえで売主との交渉により、建物の割合を高く設定することができる可能性はあります。

図表32　土地・建物割合と減価償却費の関係

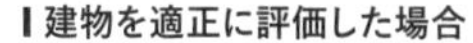

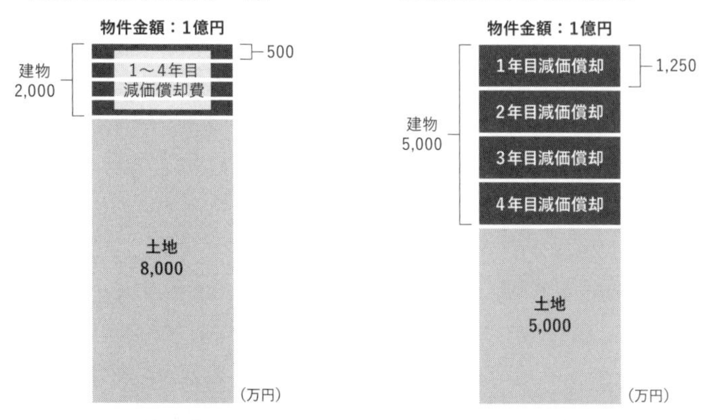

さて、これまで減価償却で節税ができると説明しましたが、厳密にいえば「節税」ではなく「税の繰り延べ（先延ばし）」をしているにすぎません。

ここで、売却時の譲渡所得は以下の通りで求められます。

 **譲渡所得=売却金額ー土地建物簿価ー譲渡諸費用**

毎年建物の減価償却費を計上していくと、建物簿価が小さくなっていきますから、譲渡所得が大きく出てしまうことになります。仮に売却金額が購入金額と同等であった場合、減価償却した分がまるまる譲渡所得としてみなされ、課税されることになり、保有期間中に節税できたとしても売却時に節税金額分を税金として納税することになります。税の繰り延べとはそういう意味です。

建物金額が大きいと、保有期間中の所得は減価償却によって抑えられる半面、売却時には譲渡所得が多く出て税金が多くなります。一方、建物金額が小さいと保有期間中は減価償却があまり取れないため所得が大きくなり税金も多くなりますが、売却時には建物の簿価があまり下がっていないため譲渡所得が少なくなり売却にかかる税金も少なくなる、ということです。

保有時と売却時の適用税率が同じであれば、トータルで見た最終手残りとしては、実はほとんど差がありません。ただし、内部収益率IRRで投資効率を測ると、保有期間中に減価償却を取ったほうが手前に現金が手に入るので有利にはなります。

税の繰り延べであれば結局は、意味が無いと思われる方もいらっしゃると思いますが、これは特に法人で言えることですが、課税されるタイミングを自らの意思でコントロールできるという点はとても有益だと考えます。事業法人の場合は利益のコントロールが可能だからです。平常時は減価償却で利益を圧縮して税の繰り延べで現金を手元に置いておく一方、事業年度によっては本業の利益が経営計画通りにならなかった場合、物件を売却することで

図表33　減価償却費と売却所得の関係

❙ 建物割合が高い

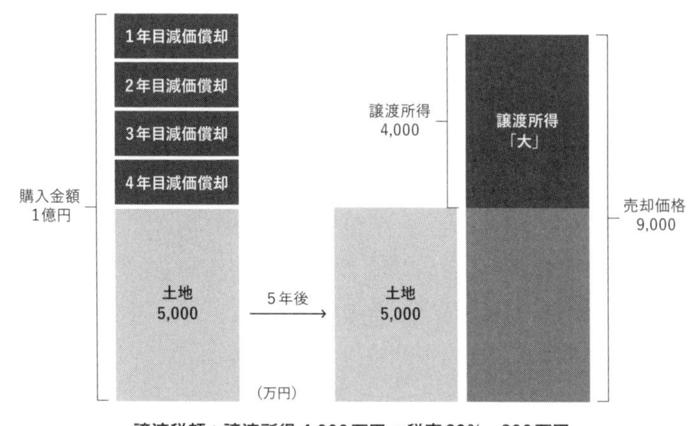

譲渡税額：譲渡所得 4,000万円 × 税率 20%＝800万円

❙ 建物割合が低い

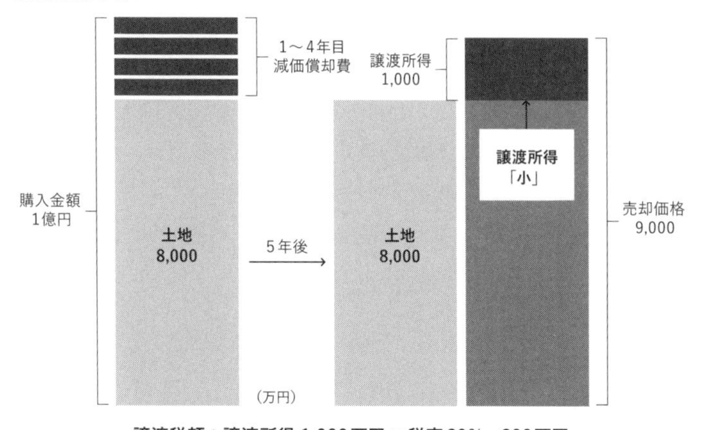

譲渡税額：譲渡所得 1,000万円 × 税率 20%＝200万円

繰り延べていた税を利益として出すことが可能です。これにより経営の安定化を図ることができます。いわば利益調整弁のような役割といえるかもしれません。

では、個人の場合はメリットがないのでしょうか。実は、個人は年収・所得によって法人より節税のメリットがあります。「税制の歪み」を利用し本当の節税が可能なのです。

個人保有での節税を説明する前に、まず税制について整理します。

日本の税制では、個人の給与所得と不動産所得は「総合課税方式」です。給与所得と不動産所得を合算し、社会保険料などの各種控除がされたあとの課税所得に税率をかけることで、所得税と住民税が確定します。

総合課税により算出された所得により税金が確定しますが、日本の税制では所得が増えるほど税率も高くなる累進課税制度が採用されています。現状の所得税率は、課税所得195万円以下の5%を下限に10%、20%、23%、33%、40%と上がっていき4,000万円超の45%が最高税率です。住民税は一律10%なので最高税率は合わせて55%となります（復興税率除く）。

収益物件を個人で保有する場合、適切なタックスマネジメントを行わなければ、単純に給与所得に不動産所得が加算されて課税所得と税率が上がり、税負担が重くなってしまいます。多額の借入を行い、得たキャッシュフローに対して、半分以上を税金で徴収されてしまっては何のために投資をしているのか分かりません。

税金を抑える方法として、先述の通り資産管理法人の活用があります（152ページ参照）。今後、日本の税制は個人の税率を上げて法人の税を下げる方向ですから、ますます資産管理法人での物件取得が一般的になっていくでしょう。事実、当社では購入いただくお客様の半数以上で資産管理法人の設立をサポートして、法人名義で物件を取得してもらっています。

とはいえ、実は税金の面では個人名義で物件を取得したほうがよい場合もあります。それは本業の収入・所得が大きく税率が高い方のケースです。よりメリットがあるのは、本業の課税所得が900万円（税率43％）以上の方。額面年収イメージで1,200万円以上の方です。個人で本業所得が大きい方は物件からキャッシュフローを得つつ、減価償却費によって不動産所得をマイナスにし、課税所得を圧縮し納税金額をコントロールすればよいのです。さらに「税制の歪み」を活用すれば、税の繰り延べではなく本当の節税が実現します。

保有時に得られる不動産所得は「総合課税方式」による税率が適用されますが、不動産を売却する際には「分離課税方式」が取られます。ここでは、不動産売却時の収入（譲渡所得）に対して、不動産の保有期間に応じて決められている税率を掛けて納税金額を決定します。

保有期間が5年未満の物件を売却して得たものが「短期譲渡所得」、5年以上保有した物件を売却して得たものが「長期譲渡所得」です。短期譲渡所得の場合、個人所得税と住民税の合計税率は39％ですが、長期譲渡所得の場合は20％と税率が大幅に下がります。

図表34　不動産売却時の税率

区分	所得税	住民税	合計
短期譲渡所得（保有5年未満）	30%	9%	39%
長期譲渡所得（保有5年超）	15%	5%	20%

※復興税率は除く

ここで、「総合課税方式」と「分離課税方式」との間で、税率に大きな開きがあることに着目してください。これが「税制の歪み」です。

仮に税率55％の高額所得者が個人で収益物件を保有した場合、減価償却した金額に対し55％の節税効果があり、売却時に長期譲渡であれば、累計の減価償却金額に対し20％の税率しかかかりません（購入金額と売却金額が同額という前提）。

おおざっぱにいえば減価償却金額の35％（55％－20％）がまるまる節税できるのです（厳密にいえば多少異なりますので詳細は後述します）。

高額所得者が個人名義で減価償却目的の収益物件を持つことは、非常に大きな節税効果があるためお勧めです。

図表35　税制の歪みを利用した節税

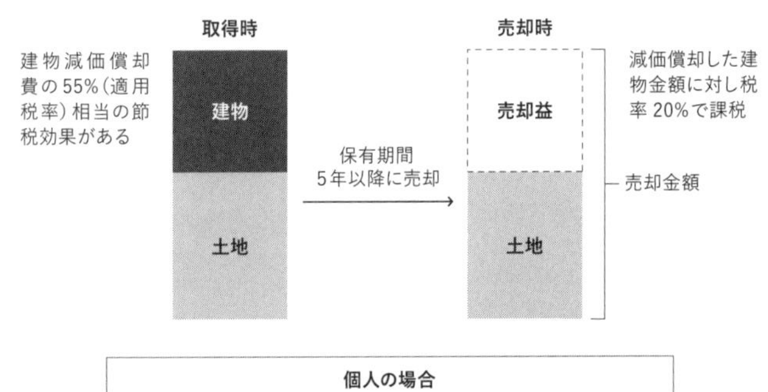

どのように法人税の負担が軽減されるか

先にご紹介した、収益物件の減価償却を活用した節税スキームについて、より具体的な数字を用いて解説します。法人と個人でどのような違いがあるのかも示していきます。

まずは事業法人が節税物件を保有した場合を見てみましょう。中小企業経営者の方は、事業法人で節税したいという要望があります。経営者でない方でも、資産管理法人で不動産投資を拡大していくと税負担が重く感じることが出てきますので、その時の節税対策として参考にしていただけたらと思います。

 ケーススタディ7

【物件概要】

構造	軽量鉄骨造
築年数	築27年
物件金額	9,500万円
購入諸経費	500万円　※すべて土地・建物に分けて資産計上とする
総投資額	1億円（土地3,000万円、建物7,000万円）
年間満室想定賃料	860万円
表面利回り	9.05%　※賃料は毎年0.5%下落
空室損・滞納損	40万円
運営費用	170万円
NOI	650万円
FCR	6.5%

【融資条件】

借入金額	9,000万円（自己資金 1,000万円）
金利	2.0%
融資期間	25年（元利均等返済）
元利返済額	458万円

以上の条件で導き出される物件の税引前CFは、次の通りです。

税引前CF

＝NOI 650万円－元利返済額 458万円＝192万円

では、この物件では、どれくらいの減価償却費が得られるのでしょうか。耐用年数を超えた軽量鉄骨造の建物の償却年数は5年ですから、1年あたりの減価償却費は1,400万円です。

1年あたりの減価償却費
＝建物7,000万円÷5年＝1,400万円

不動産投資では、減価償却費の他に、運営費用やローンの支払利息なども費用として計上できます。NOIから減価償却費と支払利息を差し引くと、1年目の本物件の課税所得（損金）は以下の通りです。

1年目の収益物件の課税所得（損金）
＝NOI 650万円－支払利息177万円－減価償却費1,400万円
＝▲927万円

計算の結果、この物件を所有すると1年目に927万円の損金を計上できることが分かりました。現在、日本における法人の実効税率は約33％なので、927万円をこの税率で掛ければ、どれくらい納税金額が抑えられるのかを割り出すことができます。

1年目の税圧縮効果
▲927万円×33％＝▲306万円

このように、大きな減価償却費を取ることによって、1年目に300万円以上を節税することができました。

すでに述べたように、この物件による減価償却効果は5年間にわたって続きます。その影響による収益と納税金額の推移をシミュレーションしたのが図表36です。

賃料が毎年0.5%ずつ下落すると想定しているため、税引前CFは年々減っています。それに加え、毎年1,400万円ずつの減価償却費を計上しているので、課税所得は5年間にわたって920万円以上ずつの赤字です。5年間累計の損金は4,621.9万円になります。

これを実効税率33%で割ると、5年間で合計1,525.2万円もの税圧縮効果が得られることになります。

ところで、このケースでは6年目に減価償却効果がなくなり、その後は納税負担が増してしまいます。

この場合のご提案としては、減価償却効果がなくなった物件は売却するか、

図表36　5年間合計の収益と納税金額（法人税）

購入後年数	1	2	3	4	5
年間満室想定賃料	8,600,000	8,557,000	8,514,215	8,471,643	8,429,285
実効総収入	8,200,000	8,157,000	8,114,215	8,071,643	8,029,285
運営費用	1,700,000	1,700,000	1,700,000	1,700,000	1,700,000
純営業収益 NOI	6,500,000	6,457,000	6,414,215	6,371,643	6,329,285
元利返済額	4,577,626	4,577,626	4,577,626	4,577,626	4,577,626
税引前CF	1,922,374	1,879,374	1,836,589	1,794,017	1,751,659
純営業収益 NOI	6,500,000	6,457,000	6,414,215	6,371,643	6,329,285
支払利息	1,774,396	1,717,815	1,660,092	1,601,203	1,541,126
減価償却費	14,000,000	14,000,000	14,000,000	14,000,000	13,999,999
課税所得	−9,274,000	−9,260,000	−9,245,000	−9,229,000	−9,211,000
納税金額	−3,060,400	−3,055,800	−3,050,800	−3,045,500	−3,039,600
税引後CF	4,982,774	4,935,174	4,887,389	4,839,517	4,791,259
税引前CF累計	1,922,374	3,801,748	5,638,337	7,432,354	9,184,013
税引後CF累計	4,982,774	9,917,948	14,805,337	19,644,854	24,436,113

まとめ

課税所得合計（損金合計）	−4,621.9万円
税圧縮効果	1,525.2万円

別の物件を取得して引き続き効果を得るか、という2つの方法があります。

売却する場合の条件をシミュレーションしたのが図表37です。

売却価格　　**8,500万円（購入時から10%下落）**
売却表面利回り　　**9.92%**
売却諸費用　　**255万円**

このケースでは、売却価格を8,500万円としています。

購入価格は9,500万円でしたが、購入から5年間が経過して10%下落したものと想定しました。物件金額が下がった結果、表面利回りは9.92%となって

図表37　売却収支と納税金額

売却表面利回り	9.92%
売却時年間満室想定賃料	8,429,285円
物件売買価格	85,000,000円
譲渡費用	2,550,000円
借入残高	75,406,497円
税引前CF	7,043,503円

取得費（減価償却前）	100,000,000円
減価償却費累計	69,999,999円
取得額（減価償却費後）	30,000,001円
課税所得	52,449,000円
納税金額	17,308,100円
税引後CF	−10,264,597円

いますので、買い手も比較的早く見つかることでしょう。

売却価格から、諸費用やローン残高などを差し引いた税引前CFは704.3万円です。

一方、この物件を購入した時点での建物の価格は5,000万円でしたが、5 年間の減価償却によってゼロ（簿価上は1円）となり、売却によって5,244.9万円の譲渡益（特別利益）が発生しました。この利益に対する納税金額は1,730.8万円です（税率33％）。そして、税引前CFから納税金額を差し引いた税引後CFは1,026.4万円のマイナスとなってしまいました。

ご説明の通り、減価償却による節税はあくまでも税の繰り延べであり、売却する際は繰り延べてきた税金を精算して納めなければなりません。1,026.4万円は、その精算分ということです。

繰り延べの精算によって、最終的に収益がマイナスになってしまうのでは、そもそも意味がありません。最終的な収支は、いったいいくらになるのでしょうか。

それを確かめるため、この物件の運営期間中に減価償却によって得られたキャッシュフローと税圧縮効果、売却時に納めた税金を合算してみましょう。

計算式は以下の通りです。

保有期間中の累計税引前CF＝918.4万円 a
保有期間中の累計節税金額 ＝1,525.2万円 b
保有期間中の累計税引後CF＝2,443.6万円 a＋b

売却時の税引後CF ＝▲1,026.5万円 c

最終キャッシュフロー ＝2,443.6万円−1,026.5万円
＝1,417.1万円（a＋b＋c）

保有期間中と売却時のキャッシュフローの累計は税引後で1,417.1万円でした。物件購入時に投入した自己資金は1,000万円でしたので、最終的に417万円の現金が増えたことになります。

9,500万円で購入した物件を5年後に8,500万円で売却しても、保有中に発生したキャッシュフローと節税効果によって、最終的な手取りは投下資金を上回るのです。

では、もしもこの物件を8,500万円で売却できなかった場合はどうなるのでしょうか？　それをシミュレーションしたのが、図表38です。

この図表を見ると、購入時から物件金額が82〜83％以下になると、投下した資金を回収できなくなることが分かります。諸条件にもよりますが、購入から5年が経過しても物件金額が8割以上を保てるような物件を選ぶことが、最終的なキャッシュフローをプラスにするための鉄則だといえそうです。

ちなみに、当社が提供する中古一棟リノベーション物件（Z-RENOVE、Z-SAVEというシリーズ）は、リノベーションによるバリューアップなどによって、売却価格が購入価格の9割を上回る物件がほとんどであり、最終的なキャッシュフローを確保しやすいとご好評をいただいております（多くは税金対策をしたい当社顧客に購入いただいております）。

この他、物件金額に対して実売土地値が付いている物件や、大規模修繕済みで次の買い手も安定的に税の繰り延べができる物件なども、価格が下がりにくいのです。

以上をまとめると、法人の場合は税の繰り延べとはいえ、収益物件を活用すると次のようなメリットがあります。

メリット①
他の節税の方法と異なり、現金流出が少なく、かつ拘束されないため自由度が高い

図表38　いくらで売却すればキャッシュフローが得られるか？

物件購入価格：9,500万円／自己資金：1,000万円／購入者費用：500万円／税率：33%／総費用：1億円

購入後年数	1	2	3	4	5
税引前CF(a)	1,922,374	1,879,374	1,836,589	1,794,017	1,751,659
税引前CF累計	1,922,374	3,801,748	5,638,337	7,432,354	9,184,013
損金(課税所得)	−3,274,000	−9,260,000	−9,245,000	−9,229,000	−9,211,000
損金(課税所得)累計	−9,274,000	−18,534,000	−27,779,000	−37,008,000	−46,219,000
節税金額(b)	3,060,420	3,055,800	3,050,850	3,045,570	3,039,630
節税金額累計	3,060,420	6,116,220	9,167,070	12,212,640	15,252,270
税引後CF(a+b)	4,982,794	4,935,174	4,887,439	4,839,587	4,791,289
税引後CF累計	4,982,794	9,917,968	14,805,407	19,644,994	24,436,283
自己資金回収率	49.83%	99.18%	148.05%	196.45%	244.36%

売却簿価：3000万1円／税率：33%／ローン残高：7540万6,497円

売却価格	購入時比	売却諸費用	税引前CF(c)	売却課税所得	売却による税金(d)	税引後CF(c−d)	保有中+売却累計CF	自己資金回収率(全期間)
100,000,000	105.26%	3,000,000	21,593,503	66,999,000	22,109,670	−516,167	23,920,116	239.20%
95,000,000	100.00%	2,850,000	16,743,503	62,149,000	20,509,170	−3,765,667	20,670,616	206.71%
90,000,000	94.74%	2,700,000	11,893,503	57,299,000	18,908,670	−7,015,167	17,421,116	174.21%
85,000,000	89.47%	2,550,000	7,043,503	52,449,000	17,308,170	−10,264,667	14,171,616	141.72%
80,000,000	84.21%	2,400,000	2,193,503	47,599,000	15,707,670	−13,514,167	10,922,116	109.22%
79,000,000	83.16%	2,370,000	1,223,503	46,629,000	15,387,570	−14,164,067	10,272,216	102.72%
78,000,000	82.11%	2,340,000	253,503	45,659,000	15,067,470	−14,813,967	9,622,316	96.22%
77,000,000	81.05%	2,310,000	−716,497	44,689,000	14,747,370	−15,463,867	8,972,416	89.72%
76,000,000	80.00%	2,280,000	−1,686,497	43,719,000	14,427,270	−16,113,767	8,322,516	83.23%
75,000,000	78.95%	2,250,000	−2,656,497	42,749,000	14,107,170	−16,763,667	7,672,616	76.73%
74,000,000	77.89%	2,220,000	−3,626,497	41,779,000	13,787,070	−17,413,567	7,022,716	70.23%
73,000,000	76.84%	2,190,000	−4,596,497	40,809,000	13,466,970	−18,063,467	6,372,816	63.73%
72,000,000	75.79%	2,160,000	−5,566,497	39,839,000	13,416,870	−18,713,367	5,722,916	57.23%
71,000,000	74.74%	2,130,000	−6,536,497	38,869,000	12,826,770	−19,363,267	5,073,016	50.73%

収益物件購入時には融資を活用することで現金を手元に置けて、かつ、いつでも売却することで現金化できます。

メリット②

タックスマネジメントを自在にできる

保有中は税の繰り延べで支払う税金を抑え、決算調整等で利益が欲しい時には売却することで益出しすることも可能です。意のままに税をコントロールすることができます。

メリット③

税の繰り延べにより節税できたお金は、無利息の資金調達と同効果

企業経営においては現金を多く持っておくことは不測の事態に対応できたり、成長事業に投資することができたりと極めて重要なことです。本スキームを活用することで手元に現金が残るため、見方を変えればその現金は無利息で借りたことと同じことといえます。

メリット④

保有中はキャッシュフローが得られる

税の繰り延べをする一方で、毎月安定的に現金が入ってきますので、手元現金を確保することも可能です。

このように、法人にとって、収益物件は節税対策ツールとして非常に有益であるといえます。

個人ではどのように所得税・住民税の負担は軽減されるか

次に個人を見ていきましょう。先ほど「総合課税方式」と「分離課税方式」の税率の違いから生まれる「税制の歪み」により本当の節税ができるとお話ししましたが、その効果の大きさは法人とは比べものになりません。こちらも具体例で見ていきましょう。

ケーススタディ7と同じ条件の物件を個人で取得したと仮定し、所得税・住民税の税率は50%だったとします。

この場合、NOIからローンの支払利息、減価償却費を差し引いた1年目の損金も、ケーススタディ7と同じく927万円です。

1年目の不動産所得

＝NOI 650万円－支払利息 177万円－減価償却費 1,400万円

＝▲927万円

法人（ケーススタディ7）の場合、実効税率が33%なので、税圧縮効果は306万円（▲927万円×33%）でした。このケースでは、個人所得税・住民税の合計税率が50%なので、税圧縮効果はさらに高まります。

1年目の税圧縮効果

▲927万円×50%＝▲463.7万円

※厳密には、不動産所得がマイナスの時に給与所得など他の所得と損益通算する場合、土地取得にかかる支払利息分は損益通算から控除するというルールがあるため、上記の計算結果とは異なります。ここでは説明を分かりやすくするため、あえてこのルールを考慮せずに話を進めます。

減価償却効果などによって、5年間の収益と納税金額がどのように推移するのかをシミュレーションしたのが図表39です。

5年間の税引前CFの累計は918.4万円、損金の合計額は▲4,621.9万円でした。

税率は50%ですから、損金×50%の▲2,310.9万円が、5年間の税圧縮効果になります。

図表39　5年間合計の収益と納税金額（個人）

購入後年数	1	2	3	4	5
年間満室想定賃料	8,600,000	8,557,000	8,514,215	8,471,643	8,429,285
実効総収入	8,200,000	8,157,000	8,114,215	8,071,643	8,029,285
運営費用	1,700,000	1,700,000	1,700,000	1,700,000	1,700,000
純営業収益 NOI	6,500,000	6,457,000	6,414,215	6,371,643	6,329,285
元利返済額	4,577,626	4,577,626	4,577,626	4,577,626	4,577,626
税引前CF	1,922,374	1,879,374	1,836,589	1,794,017	1,751,659
純営業収益 NOI	6,500,000	6,457,000	6,414,215	6,371,643	6,329,285
支払利息	1,774,396	1,717,815	1,660,092	1,601,203	1,541,126
減価償却費	14,000,000	14,000,000	14,000,000	14,000,000	13,999,999
課税所得	−9,274,000	−9,260,000	−9,245,000	−9,229,000	−9,211,000
納税金額	−4,637,000	−4,630,000	−4,622,500	−4,614,500	−4,605,500
税引後CF	6,559,374	6,509,374	6,459,089	6,408,517	6,357,159
税引前CF累計	1,922,374	3,801,748	5,638,337	7,432,354	9,184,013
税引後CF累計	6,559,374	13,068,748	19,527,837	25,936,354	32,293,513

まとめ

課税所得合計（損金合計）	−4,621.9万円
税圧縮効果	2,310.9万円

5年間の税圧縮効果

▲4,621.9万円×50％＝▲2,310.9万円

次は、売却時の納税金額がいくらになるのかを見ます。売却条件は、ケーススタディ7と全く同じだったと仮定します。譲渡所得も同じく5,244.9万円です（図表40参照）。

売却価格	**8,500万円（購入時から10％下落）**
売却表面利回り	**9.92％**
売却諸費用	**255万円**

図表40　売却収支と納税金額

売却表面利回り	9.92％
売却時年間満室想定賃料	8,429,285円
物件売買価格	85,000,000円
譲渡費用	2,550,000円
借入残高	75,406,497円
税引前CF	7,043,503円

取得費（減価償却前）	100,000,000円
減価償却費累計	69,999,999円
取得額（減価償却費後）	30,000,001円
課税所得	52,449,000円
納税金額	10,489,800円
税引後CF	−3,446,297円

法人（ケーススタディ7）との大きな違いは、保有期間が5年超の長期譲渡所得となるため、20％の税率が適用される点です。

これにより譲渡所得税額は1,048.9万円となり、33％の税率が適用される法人に比べて680万円以上も税金が安くなります。

法人の譲渡所得税

譲渡所得＝5,244.9万円×33％＝1,730.8万円　a

個人の譲渡所得税

譲渡所得＝5,244.9万円×20％＝1,048.9万円　b

a－b＝681.9万円

では、この節税効果によって、自己資金1,000万円の投下に対し、最終的にどれだけのキャッシュフローが得られるのでしょうか。計算式は以下の通りです。

保有期間中の累積税引前CF ＝ 918.4万円　a
保有期間中の累計節税金額 ＝ 2,310.9万円　b
保有期間中の累積税引後CF ＝ 3,229.3万円　a＋b

売却時の税引後CF ＝ ▲344.6万円　c

最終キャッシュフロー

a＋b＋c＝3,229.3万円－344.6万円＝2,884.7万円

保有期間中と売却時のキャッシュフローの累計は、税引後で2,884.7万円となりました。自己資金1,000万円を差し引けば、1,800万円以上、現金が増えたことになります。

このように本業の個人所得が高い方は、節税用の収益物件を持つことで、物件からのキャッシュフローを得つつ、収めた所得税の還付・住民税の低減を享受し、最後の売却時は税率差によって税の繰り延べではなく本当の節税が実現できるのです。効率よく自己資金を貯めることも可能になるので、次の物件購入の投資原資にすることもできますし、収益物件以外でのペーパーアセットでの運用をしたりと、さまざまなメリットがあり自由度が増しますので、お勧めです。

不動産投資による相続税対策スキーム

相続税対策としても不動産の活用は非常に有効です。ここでは土地を所有している方の相続税対策について解説します。

土地オーナーの相続税対策として一般的に有名なのは、所有土地に賃貸物件を建築することで保有資産の相続税評価額を下げ、相続税を節税するという手法です。近年では2015年の相続税増税を受け、全国で相続税節税目的の賃貸物件が建てられました。日本の相続税制では土地・建物を実売価格より安く評価する仕組みだからです。

市場価格3億円の賃借人が住んでいる一棟収益物件があったとします。しかし、相続税評価額としてみた場合は3億円とはならず、多くは市場価格以下となります。

ケーススタディ8

【土地概要】

土地面積　504㎡

相続税路線価 24万円／㎡

借地権割合　60%

【建物概要】

建物固定資産税評価額　1億5,700万円

図表41の式に当てはめると以下の通りとなります。

土地相続税評価額＝24万円／㎡×504㎡×（1－0.6×0.3）＝1億円

建物相続税評価額＝1億5,700万円×（1－0.3）＝1.1億円

一棟収益物件全体の相続税評価額＝2.1億円

不動産は市場価格と相続税評価額が大きく異なるのです。この仕組みを利用すれば、土地オーナーだけではなく、資産を多くお持ちの富裕層の方も収益物件を購入することで相続税対策ができることを意味します。

さて、相続税対策としての賃貸物件の建築は確かに有効ですが、当社が問題視しているのは賃貸需要を全く無視した相続税圧縮だけを目的に建築ラッシュが起こっていることです。建設会社などは、賃料保証という名目で一括借上（サブリース）を提案しますが、融資期間である30年間ずっと同じ賃料を保証することは不可能で、多くは保証賃料の減額交渉や場合によっては契約解除となり、賃貸経営が破綻します。

当社が土地オーナーの相続税対策を考える場合、まず建築予定の土地が賃

図表41　相続税評価額が圧縮される仕組み

購入した収益物件は市場価値に比べ相続税評価額は大きく下がる

1. 土地は貸家建付地での評価減：相続税路線価 × 面積 ×（1－借地権割合※ × 借家権割合30%）
2. 建物は賃貸に出していることによる評価減：固定資産税評価額 ×（1－借家権割合30%）

※一般的には60～70%

相続税評価額1億円の土地と現金2,000万円を持つケース

❶土地を売却して新たに収益物件を購入する

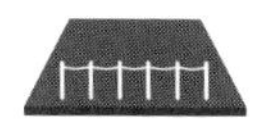

土地
相続税評価額
1億円

1億2,000万円で
売却
→

現金1億4,000万円
相続税評価額
1億4,000万円

収益物件購入
→

収益物件3億円
相続税評価額
2億1,000万円

物件金額：3億円／購入諸費用：2,000万円
総投資額：3億2,000万円（自己資金：1億4,000万円／借入金額：1億8,000万円）
相続税評価額：3,000万円（収益物件相続税評価額 2億1,000万円
－借入金額 1億8,000万円）

◎相続税評価額が大幅に圧縮
◎立地のよい収益物件に自己資金を 30%投下しての賃貸経営のため、安定的なキャッシュフローを生み出すことが可能

❷土地を売却せず新たに収益物件を購入する

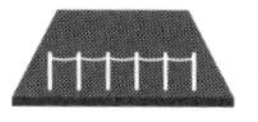

土地
相続税評価額
1億円

収益物件購入
→
※土地は収益物件購入時に
融資の共同担保として活用

収益物件3億円
相続税評価額
2億1,000万円

物件金額：3億円／購入諸費用：2,000万円
総投資額：3億2,000万円（自己資金：2,000万円／借入金額：3億円）
相続税評価額：1,000万円（土地相続税評価額 1億円 ＋収益物件相続税評価額
2億1,000万円 －借入金額 3億円）

◎土地を手放さずに相続税対策を実現
◎立地のよい収益物件のため、安定的なキャッシュフローを生み出すことが可能

貸需要に向くエリアかどうかを調査します。そのうえで賃貸需要が今後も見込めそうであれば、他の会社と同様に新築物件建築を提案しています。

もし賃貸需要が見込めず賃貸経営が成り立たないと判断した場合は、無理に建築を勧めるのではなく、次の2つを提案します。

①土地を売却し、得た現金を元手に立地のよい収益物件を購入する
②土地はそのまま保有し、その土地を共同担保にしたうえで立地のよい収益物件を購入する

土地を手放すことに抵抗がない方は、①の提案を受け入れるケースが多く見られます。その場合、売却で得た現金を元手に一部融資を受けて、立地がよく今後も賃貸経営が成り立つと想定される物件を購入してもらいます。資産の組み換えということです。

②のケースは、先祖代々受け継いできた土地を手放したくない方向けの提案です。現状のままでは相続税評価（相続税路線価×面積）が高額になるため対策が必要です。具体的には、土地を共同担保に差し入れたうえで融資を受け、立地のよいエリアの物件を購入します。

①、②どちらのケースも、新たに購入する物件の相続税評価額より借入金額が多くなるため、購入した物件トータルで相続税評価額はマイナスになります。そして、そのマイナス分を他の資産と合算することで全体の評価が下がり、相続税が圧縮される仕組みです。

詳しく知りたい方は『収益性と相続税対策を両立する土地活用の成功法則』（クロスメディア・パブリッシング）をご覧ください。また、相続税対策は専門的な知識が必要ですから、対策にあたっては相続税に詳しい専門家に相談することをお勧めします。

「デッドクロス」というトラップとその対策法

中長期にわたる賃貸経営において注意しなければならないものに、「デッドクロス」があります。デッドクロスが起きると、最悪の場合、黒字倒産という事態になりかねない危険な状態となるからです。ここでいう黒字倒産とは、税務会計上の不動産からの所得（利益）は出ているものの現金収支はマイナスになって現金が枯渇してしまうことをいいます。仕組みをよく理解し、時期を見定めたうえで、対策を講じておく必要があります。

デッドクロスとは、先に記した減価償却費よりも元金返済金額が上回ることをいいます。

 **デッドクロスの状態：元金返済金額＞減価償却費**

この状態になると、それ以降は税金計算上の不動産所得が大きくなっていく、つまり納税金額が毎年大きくなっていき、資金繰りが厳しくなります。別の言い方をすると、税引前CFに対して納税金額が大きくなっていき、税引後CFが大きく減っていくということです。最悪は税引前CFより納税金額が大きくなり税引後CFがマイナスに転じます。

なぜこうした事態が起こるのでしょうか。

不動産投資で融資を受ける際、一般的には元利均等返済という返済方式を取ります。この元利均等返済は金利の変動がなければ、毎月の返済金額が一定であるため返済計画が立てやすく、キャッシュフローが得やすいというメリットがあります。

元利均等返済は、返済の初期には元金部分が少なく、年数が経過するにつれて元金部分の割合が増えていくのが特徴です。

一方、減価償却費は毎年一定金額ですが、建物付属設備の償却が終わる13〜17年目には金額が下がります。その後、建物の償却期間までまた一定の金額で推移します。

図にすると分かりやすいでしょう。図表42は、元利均等返済のグラフに減価償却費の線を重ね合わせたものです。

図表42　元利均等返済（元金と支払利息）と減価償却費の関係

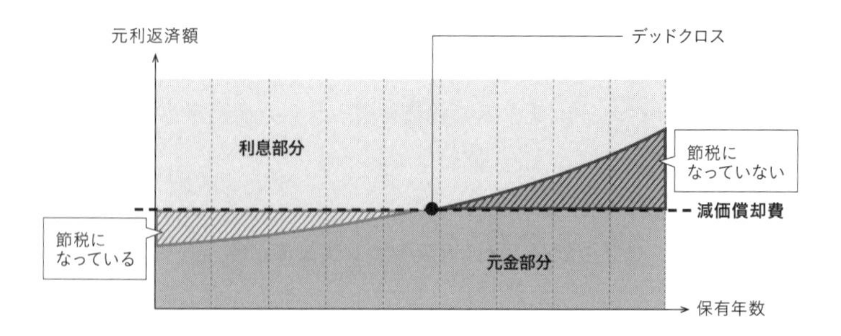

保有期間が長期になるにつれ、元利返済額のうち経費化できる利息分が減少し、経費化できない元金部分が増加する。

図表で示された減価償却費よりも元金部分が大きくなったポイントがデッドクロスとなります。

事例を見てみましょう。ここでは新築一棟木造アパートのケースを見てみましょう。

ケーススタディ9

【概要】

総投資額	1億円
建物付属設備	1,200万円（総投資額の内）
構造	木造
減価償却費	
建物	約220.8万円／年
建物附属設備	約80.4万円／年
年間満室想定賃料	750万円
空室損・滞納損	37.5万円（年間満室想定賃料×5%）
運営費用	165万円（1年目、賃料下落に応じて減ずる、固都税は3年毎に15%評価減ずる）
NOI	547.5万円

【返済条件】

借入金額	9,000万円
金利	2.0%
融資期間	35年
返済額	357.7万円／年

この事例では、新築時から25年先までの税引前CFは、図表43の通りです。

ここで、先に説明した元金部分と減価償却費の関係が25年間でどのように変化していくかをチェックします。

図表43　税引前CFシミュレーション

購入後年数	1	2	3	4	5
年間満室想定賃料	7,500,000	7,462,500	7,425,187	7,388,061	7,351,120
実効総収入	7,125,000	7,089,375	7,053,927	7,018,657	6,983,564
運営費用	1,650,000	1,648,040	1,646,091	1,561,651	1,559,721
純営業収益	5,475,000	5,441,335	5,407,836	5,457,006	5,423,843
元利返済額	3,577,637	3,577,637	3,577,637	3,577,637	3,577,637
税引前CF	1,897,363	1,863,698	1,830,199	1,879,369	1,846,206

購入後年数	6	7	8	9	10
年間満室想定賃料	7,314,364	7,277,792	7,241,403	7,205,195	7,169,169
実効総収入	6,948,645	6,913,902	6,879,332	6,844,935	6,810,710
運営費用	1,557,800	1,485,764	1,483,863	1,481,971	1,420,482
純営業収益	5,390,845	5,428,138	5,395,469	5,362,964	5,390,228
元利返済額	3,577,637	3,577,637	3,577,637	3,577,637	3,577,637
税引前CF	1,813,208	1,850,501	1,817,832	1,785,327	1,812,591

購入後年数	11	12	13	14	15
年間満室想定賃料	7,133,323	7,097,656	7,062,167	7,026,856	6,991,721
実効総収入	6,776,656	6,742,773	6,709,058	6,675,513	6,642,134
運営費用	1,418,609	1,416,745	1,364,226	1,362,381	1,360,545
純営業収益	5,358,047	5,326,028	5,344,832	5,313,132	5,281,589
元利返済額	3,577,637	3,577,637	3,577,637	3,577,637	3,577,637
税引前CF	1,780,410	1,748,391	1,767,195	1,735,495	1,703,952

購入後年数	16	17	18	19	20
年間満室想定賃料	6,956,762	6,921,978	6,887,368	6,852,931	6,818,666
実効総収入	6,608,923	6,575,879	6,542,999	6,510,284	6,477,732
運営費用	1,315,653	1,313,835	1,312,027	1,273,622	1,271,832
純営業収益	5,293,270	5,262,044	5,230,972	5,236,662	5,205,900
元利返済額	3,577,637	3,577,637	3,577,637	3,577,637	3,577,637
税引前CF	1,715,633	1,684,407	1,653,335	1,659,025	1,628,263

購入後年数	21	22	23	24	25
年間満室想定賃料	6,784,572	6,750,649	6,716,895	6,683,310	6,649,893
実効総収入	6,445,343	6,413,116	6,381,050	6,349,144	6,317,398
運営費用	1,270,051	1,237,163	1,235,400	1,233,645	1,205,451
純営業収益	5,175,292	5,175,953	5,145,650	5,115,499	5,111,947
元利返済額	3,577,637	3,577,637	3,577,637	3,577,637	3,577,637
税引前CF	1,597,655	1,598,316	1,568,013	1,537,862	1,534,310

図表44を見ると、最初は「減価償却費＞元金返済額」の状態ですが、築16年以降は「減価償却費＜元金返済額」の状態になります。これは建物付属設備の償却が15年間で終わり、減価償却資産が建物部分のみになったからです。減価償却費より元金部分の金額が大きくなるデッドクロス以降は、不動産所得が大きくなっていくため納税金額が増えます。つまり、手取りである税引後CFがどんどん減っていきます。そして、木造の法定耐用年数である22年間が終了する23年以降は減価償却費が0となるため、さらに納税金額が急増します。

図表44　元金部分と減価償却費の推移

購入後年数	1	2	3	4	5
元金返済額	1,794,023	1,830,234	1,867,176	1,904,864	1,943,312
減価償却費	3,012,000	3,012,000	3,012,000	3,012,000	3,012,000
減価償却費 － 元金返済額	1,217,977	1,181,766	1,144,824	1,107,136	1,068,688

購入後年数	6	7	8	9	10
元金返済額	1,982,537	2,022,553	2,063,377	2,105,025	2,147,514
減価償却費	3,012,000	3,012,000	3,012,000	3,012,000	3,012,000
減価償却費 － 元金返済額	1,029,463	989,447	948,623	906,975	864,486

購入後年数	11	12	13	14	15
元金返済額	2,190,860	2,235,081	2,280,195	2,326,219	2,373,172
減価償却費	3,012,000	3,012,000	3,012,000	3,012,000	2,951,999
減価償却費 － 元金返済額	821,140	776,919	731,805	685,781	578,827

購入後年数	16	17	18	19	20
元金返済額	2,421,073	2,469,941	2,519,795	2,570,656	2,622,543
減価償却費	2,208,000	2,208,000	2,208,000	2,208,000	2,208,000
減価償却費 － 元金返済額	**−213,073**	**−261,941**	**−311,795**	**−362,656**	**−414,543**

購入後年数	21	22	23	24	25
元金返済額	2,675,477	2,729,480	2,784,573	2,840,778	2,898,117
減価償却費	2,208,000	1,631,999	0	0	0
減価償却費 － 元金返済額	**−467,477**	**−1,097,481**	**−2,784,573**	**−2,840,778**	**−2,898,117**

同物件の税引後CFで検討してみましょう。

図表45のようにデッドクロス以降は、不動産所得が上がり納税金額が増え、最終的な手取り金額が大きく減少していく様子が見て取れます。

デッドクロスが起きると毎年の税引後CFが減っていくだけでなく、大規模修繕や建物設備の故障が出てくる時期と重なることも多いため、賃貸経営を継続するのが苦しくなるケースも想定されます。

では、デッドクロス以降に賃貸経営の継続が苦しくなることを避けるためには、どのような対策を取ればよいのでしょうか。

方法は2つあります。1つはデッドクロスのタイミングで物件を売却し資産を組み替えるのです。売却し新たに物件を購入すればデッドクロスの状態はリセットされます。土地オーナーであればこの方法は取りにくいですが、不動産投資として収益物件を購入された方は、この方法を取ることが一般的です。

もう1つは新たに減価償却ができる収益物件を購入する方法です。もともと持っていた物件の立地がよく売却したくない、あるいは税引前CFは潤沢に出るので長期で持っておきたいなどの理由がある場合は、新たに物件購入がよい方法でしょう。新たに物件を購入することで減価償却費を追加で計上し、2棟トータルで見て「減価償却費＞元金返済金額」とするのです。

このようにデッドクロスは税引後CFを著しく低下させる現象ですが、その仕組みを理解し事前のシミュレーションで対策時期を見定めておくことで、過剰に恐れる心配はないのです。

図表45　税引後CFシミュレーション

購入後年数	1	2	3	4	5
NOI（純営業収益）	5,475,000	5,441,335	5,407,836	5,457,006	5,423,843
支払利息	1,783,614	1,747,403	1,710,461	1,672,773	1,634,325
減価償却費	3,012,000	3,012,000	3,012,000	3,012,000	3,012,000
課税所得	679,000	681,000	685,000	772,000	777,000
納税金額	203,700	204,300	205,500	231,600	233,100
税引後CF	1,693,663	1,659,398	1,624,699	1,647,769	1,613,106

購入後年数	6	7	8	9	10
NOI（純営業収益）	5,390,845	5,428,138	5,395,469	5,362,964	5,390,228
支払利息	1,595,100	1,555,084	1,514,260	1,472,612	1,430,123
減価償却費	3,012,000	3,012,000	3,012,000	3,012,000	3,012,000
課税所得	783,000	861,000	869,000	878,000	948,000
納税金額	234,900	258,300	260,700	263,400	284,400
税引後CF	1,578,308	1,592,201	1,557,132	1,521,927	1,528,191

購入後年数	11	12	13	14	15
NOI（純営業収益）	5,358,047	5,326,028	5,344,832	5,313,132	5,281,589
支払利息	1,386,777	1,342,556	1,297,442	1,251,418	1,204,465
減価償却費	3,012,000	3,012,000	3,012,000	3,012,000	2,951,999
課税所得	959,000	971,000	1,035,000	1,049,000	1,125,000
納税金額	287,700	291,300	310,500	¥314,700	337,500
税引後CF	1,492,710	1,457,091	1,456,695	1,420,795	1,366,452

購入後年数	16	17	18	19	20
NOI（純営業収益）	5,293,270	5,262,044	5,230,972	5,236,662	5,205,900
支払利息	1,156,564	1,107,696	1,057,842	1,006,981	955,094
減価償却費	2,208,000	2,208,000	2,208,000	2,208,000	2,208,000
課税所得	1,928,000	1,946,000	1,965,000	2,021,000	2,042,000
納税金額	578,400	583,800	¥589,500	606,300	612,600
税引後CF	1,137,233	1,100,607	1,063,835	1,052,725	1,015,663

購入後年数	21	22	23	24	25
NOI（純営業収益）	5,175,292	5,175,953	5,145,650	5,115,499	5,111,947
支払利息	902,160	848,157	793,064	736,859	679,520
減価償却費	2,208,000	1,631,999	0	0	0
課税所得	2,065,000	2,695,000	4,352,000	4,378,000	4,432,000
納税金額	619,500	808,500	1,305,600	1,313,400	1,329,600
税引後CF	978,155	789,816	262,413	224,462	204,710

物件を入れ替えながら資産を拡大していく

収益物件を持ち続けるのか、売却するのか。あるいは1棟のみ保有するのか、2棟、3棟と買い増していくのか―。不動産投資を進めていくうえでは、前段階としてゴール・目標を決めることが大切です。一番立てやすい目標として、毎月いくらの手取り（キャッシュフロー）を得たいか、というのがあります。そのうえで目標を達成するための投資規模および物件の組み合わせ戦略である不動産ポートフォリオ案を策定し、物件を入れ替えながら資産を拡大することが安定収入と将来の資産形成・純資産拡大につながります。仮に同じ目標のキャッシュフローだったとしても、これまでの投資理論の解説から分かることとして、投下できる現金が大きければ総投資額は小さくて済みますが、現預金が限られる場合は借入に頼り、総投資額を大きくしていく必要があります。総投資額を大きくする、言い換えると金融機関から多く融資を受けていく、ということです。融資を多く受けるためには、やはり一定の現預金が必ず必要となります。現預金を比較的短期間でつくるには一定期間保有後の売却が有効で、目標達成の最短方法ともいえます。

ところが、投資家の方々と面談をしていると「購入した物件はずっと持ち続けなければならない」「借入金額の返済が完了するまで持ち続けたい」と考えている方が少なからずいます。

そうした方々は、融資期間中はずっと保有して賃料収入から返済を続け、完済後には完全に自分の所有物としてキャッシュフローが多く出ると考えているのでしょう。

この考えは土地オーナーの場合は、自分の土地を守り抜いていく必要があるので理解できますが、一般投資家の場合は効率が悪いといえます。先に紹介したデッドクロスへの対策からもです。

不動産投資の最終的なパフォーマンスは「保有期間中の累積税引後CF＋売却時の税引後CF」で決まります。売却してはじめて確定する利益を、新たな不動産の購入資金として再投資し段階的に資産を増やしていくのです。

この投資プロセスを、私はよく「わらしべ長者」に喩えます。貧乏な男が藁を元手に物々交換を繰り返し、最終的に大金持ちになるという話です。収益物件も、保有中のキャッシュフローと適切なタイミングでの資産組み替えにより、少しずつ自分のお金（純資産）を増やしていくものです。

ここでの「自分のお金を増やす」とは、保有物件における自己資本比率が上がるという意味で捉えてください。借入を起こして不動産投資をすることは、自分の資産のなかに他人のお金が一定の割合で入っていることを意味します。フルローンの場合は他人資本が100％、自己資金30％の場合でも他人資本が70％です。

この状態で本当に資産を持っているといえるでしょうか。仮に毎月の賃料収入が数千万円になったとしても、借入比率が多ければ本当の意味で資産を持っているとはいえません。借金をして1億円の物件を持っているのと、借金のない状態で1億円の物件を持っているのとでは、いうまでもなく全員が後者の状態を望むはずです。

不動産投資は小さく始めることができ、徐々に大きくしていくことができる投資法です。シンプルなモデルに当てはめ、どのように資産拡大していくかをみてみましょう（ポイントを理解しやすいよう、購入諸費用や賃料下落などは考慮していません）。

ケーススタディ10

【1棟目の概要】

構造	鉄骨造
築年数	築25年

物件金額　1億円（土地3,500万円、建物6,500万円）
年間満室想定賃料　900万円（表面利回り9%）
空室率・滞納損失　年間満室想定賃料の5%
運営費用　年間満室想定賃料の 20%
自己資金　1,000万円
借入金額　9,000万円（金利 2.0%、融資期間 25年、元利均等返済）

この物件を6年間保有後、「売却価格 9,000万円（売却表面利回り 10%）」という条件で売却しました。投資成績は次のようになります。

6年間の累積税引後CF　1,189.8万円
売却時の税引後CF　1,407.5万円
最終手残り　2597.3万円（1189.8万円＋1407.5万円）

つまり、収益物件を6年間運用したことで、もとは1,000万円だった自己資金が2.5倍強の2597.3万円になったということです。

次のステップとして2つの方法があります。

①同じ借入比率でレバレッジを利かせて合計2億円の物件を購入
②自己資本比率を10%から20%に上げて1棟目と同規模の物件を購入

①の場合、1棟目と同じように6年間運用して売却できれば、自己資金がさらに2.5倍の5,000万円超になる可能性があります。

②の場合は、元利返済額が減ることで経営が安定するうえ、同様に6年間運用して売却できれば自己資金が4,000万円超（新たな投資での増加分3,650万円＋投資しなかった分500万円）になる可能性があります。

このように、不動産投資で得たお金を再度投資に回すことで、実質的に複利で運用できるようになり、加速度的に自己資金（現金、純資産）を増やしていくことができるのです。実際には、1棟だけを入れ替えるのではなく、2棟、3棟……と複数棟を持ちながらキャッシュフローを生み出しつつ、同時に節税や税の繰り延べを図りながら資産を拡大させていきます。

最終目標は投資をされる方それぞれによって異なりますが、蓄えた累積キャッシュを元手に利回りが低いが資産性の高い人気エリアの一棟収益物件を現金で購入できれば、借入リスクや資産価値下落リスクもない安定キャッシュフローを生み出す仕組みが完成します。そして相続税対策もできてしまうのです（もちろん、もともと現預金などの純資産が潤沢な方は、多くの現金を投下して一等立地の収益物件を購入する投資がはじめから可能です）。

事業としてさらに拡大させていく方向性も考えられます。借入をさらに増やしてレバレッジを利かせ、投資規模・賃料収入をどんどん拡大していくのです。自己資本比率を高めていきましょうとお伝えしましたが、投資する方によっては借入のリスクを伴ってでも賃料収入を拡大することを望むかもしれません。理想や目標は一人ひとり違っていいと思います。

人生設計に基づいた不動産ポートフォリオを描く

会社を継続させるためには利益が不可欠ですが、利益を出すことが会社の目的ではありません。会社には理念があり、それを実現するための手段として利益があるのです。目的と手段をはき違え、利益を上げること自体が目的になると、利益さえ出れば何をしてもいい、という間違った経営判断をしかねません。

これは不動産投資・賃貸経営でも同じです。不動産投資に興味のある方の話を聞いていると、「買いたい病」とでもいいましょうか、物件を持つこと自体が目的になる人がいます。ですが会社経営と同じように、賃貸経営で物件を保有するのはあくまで手段であり、それによって生み出した利益・お金で「人生で何がしたいのか」「どうありたいのか」という本当の目的をはっきりさせる必要があるのです。

何を目的に不動産投資に取り組むのかは、一人ひとりで異なるでしょう。昨今の社会情勢、コロナショックのような不測の事態により、会社員の方、医師の方、中小企業経営者の方など、職業や置かれた状況は異なりますが、端的にいえば将来の経済的不安を払拭することを目的とする方が多いと思います。

例えば当社に相談に来る会社員の方の多くは、「仕事は続けながら10年程度のスパンで現在の給料と同じくらいのキャッシュフローが得られる状態にしたい」という希望を持っています。今の会社で働きつつ、給料とは別の「第2の収入」の柱を打ち立てたいというものです。

あるいは何らかの理由で会社を退職することになっても困らないよう、「収入が安定している今のうちに不動産投資に取り組みたい」と考えている方、将来の起業を見越して、「現在の会社員の属性を利用して融資を受けて、事業が軌道に乗るまでの生活費を賃料収入で賄いたい」という方もいました(ちなみに、私も当社を起業する前に、大企業の会社員の属性を利用して不動産投資を行い、起業資金を貯めた人間です)。

40代後半から50代の会社員の方は、老後の私的年金作りを目的にしていることが少なくありません。年金の支給開始年齢は現在65歳ですが、少子高齢化による社会保障費の急増を考えると、将来的に支給年齢がさらに引き上げられたり支給金額が減額されたりする可能性が現実味を帯びてきました。今後、定年が延びる可能性はありますが、現役時代と同じ収入を得ることは難しく大幅な収入減は避けられません。年金だけでは一定の生活水準を維持できないため、不足部分を賃料収入で補うことを目的とした不動産投資ということです。

会社員の方の目的で総じていえるのは、いつまでにいくら貯めるという「貯蓄」ではなく、「安定収入」を重視している点でしょう。

医師や士業など高収入の方は、資産運用と節税を目的としている方が多い印象です。高額所得者を狙い撃ちした給与所得控除の減額、毎年の社会保険料も上昇するばかり。高額所得者にとっては、将来に向けた資産運用の方法を具体的に模索しなければ、苦労して築き上げた資産が吸い上げられてしまう時代です。そのため、自分で築き上げた資産を守ろうと不動産投資に取り組む方が増えているのです。医師の方においては、労働時間が長く仕事が肉体労働であるため、自身に万が一の事があった際にも、家族を養っていけるだけの現預金あるいは、安定収入源確保として、不動産投資をする傾向があります。

同じく高収入の方でも中小企業経営者の方の場合、会社の事業として賃貸業に取り組みたいという希望と、経営者個人の資産運用および節税を目的に取り組まれる方が多くみられます。会社の事業については、新規事業として不動産投資（賃貸業）に取り組んで収益源を多角化し経営を安定させるというのがその狙いです。例えば、本業とは別にキャッシュフローで月に500万円あれば、従業員の人件費など固定費に充当できるので経営が安定する、そう考えているのです。あるいは、コロナ禍による事業変化の急激な変化を目の当たりにして、本業とは別の収益源確保は当然のこと、一番の経営資源である現預金を平時から積み上げておくことの重要性を感じ、戦略的な法人タックスマネジメントによりキャッシュポジションを高めて不測の事態に備えておきたい、というニーズもあります。

多額の純資産（現預金・有価証券など）をもつIPOを成し得た富裕層の方や、代々土地を受け継いできた土地オーナーの方は、資産運用で資産を増やしたいというよりは、今ある資産を守っていきたいという意向が強く、将来の相続税対策として収益物件の不動産税制利用による相続税評価圧縮を目的に不動産投資に取り組まれています。

このように、不動産投資・賃貸経営の目的は一人ひとりの状況、人生設計と密接にリンクしているケースが多いものです。検討している方は、自身のライフプランをよく考え、不動産投資・賃貸経営の目的を明確にしたうえで取り組んでほしいと思います。

そして、目的と同時に必要なのは、「いくらの自己資金を投じて」「いつまでに」「どの程度のキャッシュフローを得たいのか」「どのくらい相続税評価額を圧縮したいのか」などのロードマップを明確にすることです。それにより不動産ポートフォリオ（組み合わせ）が変わるからです。

不動産ポートフォリオの参考として、当社における会社員の方の具体事例を紹介しましょう。

ケーススタディ11

●Fさん（会社員）

年収	**1,200万円**
金融資産	**3,000万円（投下可能額2,000万円）**
保有不動産	**中古区分ワンルームマンション3戸**

Fさん（仮名）は、5年後に年間の税引後CF500万円が目標でした。当然、借入がある状態での一時的な数値目標ではあります。すでに中古の区分所有で税引後CFはわずかに出ている状態です。今後の融資戦略を含めてどうやっていくか、というご相談です。

詳しくは第5章の融資のところで解説するのですが、数年前であれば、中古区分ワンルームマンションを持ったままでも会社員向けに融資を出してくれる金融機関があったのですが、今は融資厳格化の流れを受けてキャッシュフローが出ていない物件を持っており、借入が多い会社員の方への融資はかなりハードルが高くなっています。よって、目標達成のためには一度、借入をリセットする必要があり、保有済みの中古区分ワンルームマンションをすべて売却し、そのうえで再度目標達成に向けた不動産ポートフォリオ案を作成します。

物件の取得順序については、その時々で希望条件に合う物件が出てくるかどうかで違ってくるため、まず最終ゴールを提示しました。

〈最終ゴール時の不動産ポートフォリオの例〉

(1) 新築木造　1億円
(2) 中古鉄骨造　1億円
(3) 中古木造　5,000万円
トータル投資規模　2.5億円

(1)と(2)はキャッシュフローを稼ぐことが目的の物件で、(3)は給料収入と(1)、(2)の不動産所得を減価償却で損益通算し、節税を図ることが目的の物件です。このポートフォリオであれば、トータルで税引後CF500万円程度は達成できます(当然、物件利回り・融資条件によります)。

この例ではかなり簡略化してお伝えしましたが、実際、当社が実務でポートフォリオを提案する際には、数値を用いた詳細なシミュレーションを提示しています。この方の場合、融資の引きやすさと安定収益を得やすいということで新築木造物件を購入いただきました。
「利回りが高いから」「RC造で融資が長期で組めるから」などの理由だけで物件を買い進めるのではなく、不動産投資・賃貸経営の目的と目標から逆算して不動産ポートフォリオを策定し、購入する物件がポートフォリオ上どういう位置づけなのかを明確にして、物件を1棟、さらに1棟と買い増しすることをお勧めします。

【コラム①】

不動産小口化商品で新たな相続税対策

賃貸経営を行ううえではいくつかのNG事項があります。なかでも、相続税対策のために賃貸経営をしようと考える方が特に注意すべきは、不動産の共有です。例えば2人の子どもに相続する際、一棟のアパート・マンションを2人の子で共有名義にして、相続後は賃料収入（収益）を分配しようと考えている人もいるでしょう。

実はこれはNG事項であり、かなり高い確率で揉めることになります。というのも、収益の按分をどうするのか、大規模修繕でどちらがどれだけ負担するのか、管理会社とのやりとりの窓口は誰が担当するのか、売却・現金化したくても意見が分かれるといったことが次々と起こるからです。

そこで相続することを念頭に置いた際に、新たな選択肢として登場したのが不動産小口化商品です。これは不動産特定共同事業法（不特法）に基づいて設計された商品で、相続税対策として有効に利用できます。

仮に、被相続人が1億円の現金を持っている場合、そのまま子ども2人に相続すると、1人あたり約430万円の相続税がかかります。これを1口1,000万円の任意組合型の不動産小口化商品を10口購入し、5口ずつ（5,000万円分）を相続したとします。この任意組合型の不動産小口化商品は実物不動産を購入したのと同じ節税効果があるのです。具体的に土地は貸家建付地の評価減、建物は借家評価減などの特例を適用できるので、相続税評価額を圧縮できます。

そして、相続人それぞれが独立した所有権を持ちますので、相続後に売って現金化する、一部だけ売って残りは持ち続けるといったことを自由にできます。加えて、賃料収入を原資とする配当もあり、一般的に配当利回りは年2%程度といわれています。

お気づきの方もいるでしょうが、少額から投資できるという点においては、これはREIT（不動産投資信託）と少し似ている商品だといえます。しかし、

REITは株式と同じように証券取引所に上場されている流動性の高いもので、市場価格で日々変動しますが、任意組合型の不動産小口化商品は、毎日価格が変動することはありませんので、安定した資産として持つことができます。

実物不動産を持ち賃貸経営する場合と比較した時のデメリットは、融資が利用できないため基本的には現金購入になる点です。

とはいえ、多額の現金があり相続税対策したい時には、現金を任意組合型の不動産小口化商品に変えておけば、相続財産の圧縮効果（相続税対策）および、資産運用ができることを、頭に入れておいて損はないでしょう。

当社では、不動産特定共同事業の免許を取得しており、上記のような不動産小口化商品を販売しています。当社の商品は、新築であれば利回りのよいもの、中古であればリノベーションで付加価値を上げ、修繕リスクも抑えているという特徴が挙げられます。一棟で保有いただいても問題ない物件を小口化しているため、利回りは3〜4%と類似商品に比べ高利回りです。

図表46　不動産特定共同事業法　任意組合型のスキーム図

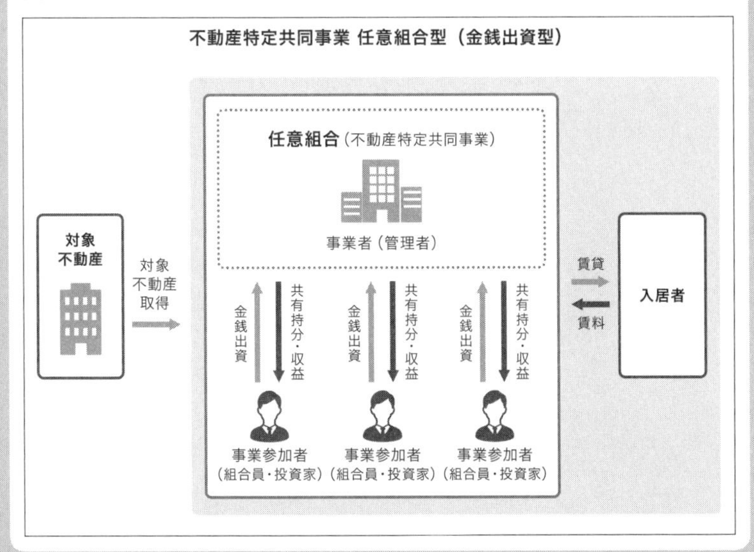

第5章

成功法則④

「融資」

利益最大化を実現する
融資戦略

不動産投資は融資が決め手

本章では、不動産投資の成否を握る、融資をテーマに話を進めます。
不動産投資は、融資がすべてと言っても過言ではありません。全額自己資金で物件を購入できる人は別にして、特別な資産背景を持たない人はいくらよい物件を見つけても、融資が受けられなければ購入できないからです。世の中にさまざまな投資の形態があるなかで、金融機関がお金を貸してくれる投資は不動産投資しかないのは、何度も説明した通りです。

株式投資で1億円を運用しようと思えば、前提として1億円の自己資金が必要です。一方、不動産投資は資産を持たない方でも1億円の借入が可能です。自己資金が少なくても、融資を受けることで投資効率を高め運用できるのです。資産のある方も、保有金融資産を背景に融資を受けることで効率よく資産運用ができますので、資産の有無にかかわらず融資戦略は非常に重要です。
反対に、融資が受けられなければ不動産投資は収益の安定性はありますがそれほど魅力的な投資とはいえません。物件の実質の利回りである総収益率FCRは物件によりますが、ファンドが購入するような好立地ハイグレードビルで3%台、一般投資家が購入する住居系収益物件でも4〜8%程度です。ボラティリティ（価格変動性）は収益物件に比べてかなり大きいですが、一般株式では銘柄によっては配当利回り6%のものもいくつかあります（相続税対策として、現金・有価証券より不動産で持つほうが相続税評価額は下がるため、そうしたニーズでは借入ができなくても節税対策・資金の運用先として有効ですが、それは一部の方に限られます）。

借入を利用したレバレッジ効果について、簡単な例で説明しましょう。自己資金の1,000万円すべてを不動産投資に投下し、資産運用します。要点を単純化するため、同じ利回りの物件で空室や滞納損失は考慮せず、税引前CFで計算します（単純化するため、利回り感などは現在の相場からは大きく異なります）。

ケーススタディ12

【パターン① 全額現金で物件を購入した場合】

購入物件	中古区分マンション
物件金額	1,000万円
年間満室想定賃料	100万円（表面利回り 10%）
運営費用	30万円
税引前CF	70万円（年間満室想定賃料－運営費用）
自己資金に対する利回り	7.0%（70万円÷1,000万円）

【パターン② 借入をして物件を購入した場合】

購入物件	中古一棟マンション
物件金額	1億円
年間満室想定賃料	1,000万円（表面利回り 10%）
運営費用	240万円
借入金額	9,000万円（自己資金1,000万円）
金利	2.0%
融資期間	25年間
元利返済額	460万円
税引前CF	300万円（年間満室想定賃料－運営費用－元利返済額）
自己資金に対する利回り	30.0%（300万円÷1,000万円）

単年で見ると、自己資金1,000万円の投資効率はパターン②のほうが4倍以上高い結果となりました。金融機関からの借入によるレバレッジ効果で投資効率を大きく高められることが分かります。

借入をすることは、言い換えれば「他人のお金を利用して投資ができる」ということです。借金を背負うわけですから返済リスクは存在しますが、前述の通り初期設定でリスクをコントロールできれば、融資を受けて不動産投資をすることは、限りある自己資金を効率よく運用する方法として最適といえます。

借入することは、時間を買うことでもあります。人間が不老不死であれば自己資金が貯まるまで待ってから収益物件を購入するということでもいいのですが、私達の人生は有限であり、その限られた時間のなかで経済的な余裕を手に入れ人生を豊かなものにするためには、自己資金を効率よく運用する必要がありその手段が融資利用によるレバレッジ効果を得るということなのです。

融資の種類はどのようなものがあるのか

収益物件の購入の際に利用する融資は、考え方・性質によって大きく「パッケージ型アパートローン」と「オーダーメイド型プロパーローン」の2つに分けることができます。

・パッケージ型アパートローン

パッケージ型アパートローンは住宅ローンの考え方に似ており、融資を受けようとしている方の年収および既存借入金額に影響を受けます。収入が安定していること、勤務先が安定していることに重きを置きますので、大企業勤務の会社員の方や公務員の方、勤務医の方などが利用しやすい融資といえます。

パッケージ型アパートローンを提供する金融機関は限られています。

対象金融機関：オリックス銀行、静岡銀行、SBJ銀行、スルガ銀行など

その他、地域によっては地方銀行がパッケージ型アパートローンを営業エリアに限定して提供するケースもありますし、ノンバンク（銀行のように預金の受け入れ機能を持たずに貸し出しに特化している金融機関）もアパートローンを提供しています。

パッケージ型アパートローンの特徴は、融資商品としてしっかりと設計されパッケージ化されているため、融資条件が明瞭で、かつ融資審査および融資実行までが早い点です。

例えば、ある金融機関は以下のような融資限度額の考えがあります。

融資限度額＝（年収＋購入する物件の年間満室想定賃料×72%）×8

年収1,000万円の会社員の方で、購入する物件の年間満室想定賃料が750万円であった場合、融資限度額は1億2,320万円　{(1,000万円＋750万円×72%）×8}。もし住宅ローンで5,000万円の借入がある場合はその分を考慮し、融資限度額の1億2,320万円から既存借入額5,000万円を引いた7,320万円が融資可能額です。

その他の融資条件である金利や融資期間についても、一定の決まり事があります。金利水準は金融機関により幅があり、融資期間は残存耐用年数を超えて融資を出すところがほとんどです。

このパッケージ型アパートローンは、十数年前から徐々にできた経緯があります。一昔前であれば収益物件を購入するために融資を受けられる人は、土地オーナーや経営者など一部の方に限られていましたが、このパッケージ型アパートローンが出てきたおかげで、一般会社員の方でも不動産投資がで

きるようになったといえます。

ちなみに、私も10年以上前、会社員時代にパッケージ型アパートローン利用により一棟マンションを購入し不動産投資を始められましたので、特別の金融資産を持たない会社員の方にとっては、はじめの一歩としてお勧めです。

・オーダーメイド型プロパーローン

オーダーメイド型プロパーローンは、その名の通り物件と購入者をそれぞれ評価したうえで融資条件を決めるオーダーメイドのローンです。パッケージ型アパートローンのように融資条件が明確に決まっているわけではなく、各金融機関ごとに独自の評価法で、物件の担保力や購入者の属性（年収や金融資産、職業）などを総合的に判断し、融資可否および条件が確定します。そ

図表47　融資の形態

項目	パッケージ型アパートローン	オーダーメイド型プロパーローン
対象	個人向け	事業者向け
金利	比較的高い（2.0%～4%程度以上）	比較的低い（1.0%以下～3.5%程度）
金融機関	オリックス銀行、静岡銀行、SBJ銀行、スルガ銀行等	都市銀行、地方銀行、信用金庫、信用組合
融資条件	明確に決まっている	物件の担保力や購入者の属性に応じて
審査期間	短い	長い
融資期間	長期	短期～長期
	法定耐用年数を超えた融資も可能	都銀等：法定耐用年数の残存年数がベース
		信金・信組：柔軟に対応するところも多い
融資限度額	限度あり（年収倍率）	限度なし（購入者属性や物件担保力による）
融資可能な属性	大企業勤務の会社員、公務員、医師など	土地資産を持っている土地オーナー、医師（開業医・勤務医）、中小企業経営者、金融資産のある富裕層

のため同じ物件であっても購入者によって融資条件が大きく異なります。

この融資形態を利用できるのは、土地資産を持っている土地オーナー、医師（開業医、勤務医）、中小企業経営者、金融資産を多く持っている富裕層の方などです。年収という要件も大切なのはいうまでもありませんが、どちらかといえば資産（医師などはその資格が資産という見方もできます）に重きを置く傾向です。会社員の方は一定以上の金融資産や賃貸経営の実績が求められるケースが大半です。融資厳格化の流れを受けて一定以上の金融資産を持たない会社員の方はプロパーローンの利用はほぼできなくなりました。反対に本業の年収が少なくても金融資産が多い方はオーダーメイド型プロパーローンを利用することができます。

オーダーメイド型で融資を出す金融機関は、パッケージ型アパートローンを用意している金融機関以外の市中金融機関すべてとなり、従来の収益物件購入資金の融資はこちらが一般的です。

対象金融機関：都市銀行、地方銀行、信用金庫、信用組合など

ただし、金融機関によりかなり温度差がありますので、地域ごとに積極的な金融機関を把握することが融資戦略上大切です。全国区であればりそな銀行、関東圏は千葉銀行、横浜銀行、武蔵野銀行、京葉銀行、埼玉縣信用金庫など、関西圏は関西みらい銀行、伊予銀行、大阪厚生信用金庫、大阪協栄信用組合、播州信用金庫などが比較的収益物件への融資に積極的な姿勢を示しています。

金利水準は金融機関により大きく異なり、現在の金利水準では1％以下で融資を出すところもあれば3％台のところもあります。

融資期間について、都市銀行、地方銀行では法定耐用年数の残存年数を

図表48　アパートローンの融資条件まとめ

		オリックス銀行	SBJ銀行
属性条件	職業	会社員・医者・士業	会社員・医者・士業・中小企業経営者
	年収	700万円以上	500万円以上
	融資枠	(年収＋年間満室想定賃料×72%)×8倍 ※既存借入含む	年収×10～15倍 ※1棟あたり1億まで ※既存借入含む ※ただし自己資金を1～2割投入すれば追加の融資も可能
金利		2.05～3.0% (年収による)	1.875～2.575% (会社によって優遇あり)
期間		木造・軽鉄造： 40年－築年数 鉄骨造：45年－築年数 RC造：55年－築年数	残存年数＋20年
エリア		全国 ※ローカルは不可	全国 ※ローカルは不可
連帯保証人		不要	不要
団体信用生命保険		必須	必須
法人融資		可(連帯債務扱い)	可(融資基準が変更になる)
その他		期間延長やエリア外も柔軟に対応	駅徒歩10分圏内で金利優遇

静岡銀行	三井住友 トラストL&F	スルガ銀行	西京銀行
会社員 （上場企業）	基準無	会社員・医者・士業	医者・士業・ 中小企業経営者
700万円以上	基準無	700万円以上	1,000万円以上
3,000万円 ～3億円以内 年収と収益物件 収入を勘案 ※既存借入見ず	3億円以内 ※既存借入見ず	10億円程度まで 総合的に勘案	10億円程度まで 総合的に勘案
3.6%	3.9～4.2% （キャンペーン 金利 2.9%）	1.5～3.0% （2%台が基準）	2.45%～
35年	30年	木造・軽鉄造： 50年－築年数 鉄骨造・RC造： 60年－築年数	木造・軽鉄造： 55年－築年数 鉄骨造・RC造： 60年－築年数
東京都、神奈川県、 千葉県・埼玉県の一部	全国 ※ローカルは不可	全国 ※ローカルは不可	関東は16号線の内側 関西は京阪神
不要	不要	不要	不要
必須	任意	必須	任意
可	可	可	可（原則は個人）
旧耐震可 土地値が重要	違法物件可 共同担保必須	旧耐震不可 金融資産も重視	年収2,000万円 以上は90% 年収2,000万円 未満は80%融資

2021年3月当社調べ

ベースにする傾向が強く、信用金庫・信用組合は柔軟に対応するところが多く見られます。

パッケージ型とオーダーメイド型それぞれの特徴を理解し、自身の状況と照らし合わせ利用できる金融機関を押さえておくことが大切です。

近年の金融機関の動向とは？

近年の金融機関の融資動向にも触れておきます。かぼちゃの馬車ショックに端を発した融資厳格化の流れは、2021年現在、3年以上経過したことにより、徐々にではありますが薄れてきた感じがしています。水面下では収益物件向け融資を止めていたいくつかの金融機関が融資を再開しています。

さて、2020年からの新型コロナウイルス感染症の影響は融資姿勢に影響を与えたのでしょうか。実際に当社とお付き合いのある金融機関にヒアリングしたところ、「新型コロナの影響はあまりない」という答えが大半でした。ただし、入居者の賃料滞納リスクを考え、融資審査のストレスを強めているところは少しあるようです。金融機関側としては、物件金額の2割程度など一定の自己資金投入があれば、返済原資が確保される長期の優良債権として位置付けることに変わりはありません。

特別の資産を持たない一般の方々は、融資を引いて自己資金・自己資本にレバレッジをかけて資産運用しなければ、お金が増えていきませんが、ここ2〜3年は物件購入時に自己資金2〜3割以上が求められたことから、築古の戸建など小規模な物件を現金購入するフルエクイティ投資が一部で流行っているようです。このような投資は、物件自体の利回りは高い傾向があるもののレバレッジが効かないためキャッシュフローの絶対額は小さく現金が貯まりにくいです。融資が徐々に開いてきているなかではこの流れも変わってくると思います。

注意すべき点は、実経済です。アフターコロナの実経済が不景気に傾くようでしたら、融資姿勢に変化があるかもしれません。また、景気が悪くなり融資が出なくなると物件金額が下がり、買い時だと捉える方もいますが、そうなると物件に手を出せるのは全額現金で買えるほどの資金力がある方や、不動産会社だけです。多くの方は、融資が受けられるうちに投資理論に当てはめ投資対象となるのであれば購入するという方針がよいと考えます。

いずれにしましても、金融機関の経営環境は厳しさを増すなか、収益物件向け融資は有力な貸出先といえます。特に住居系収益物件はコロナ禍においてもその影響をほぼ受けず、改めてその安定感に脚光を集めています。徐々にではありますが、融資は開きつつありますので、融資動向にアンテナを張り融資が出ているうちに物件を購入することをお勧めします。

金融機関の物件評価の考え方

金融機関がどういった基準で物件を評価しているかご存じでしょうか。自分では「物件評価が出て満額の融資を受けられる」と信じて持ち込んだものの、金融機関からの評価が全く伸びなかったということはよくある話です。また逆に、はじめから「評価が期待できない」と決めつけてしまうと、せっかくの購入チャンスをみすみす逃してしまう可能性もあります。このような機会損失を減らし、物件購入の機会を増やすためには、金融機関がどういった基準で物件評価をしているのかを理解することが大切です。

物件の評価方法には大きく分けて「積算評価」と「収益還元評価」の2種類があります。

積算評価とは、その物件の土地・建物のモノとしての価格から評価する方法です。対して収益還元評価とは、物件が生み出す収益性から評価する方法です。具体的な計算方法とともにそれぞれの評価方法について説明します(以下の計算式は一般的な考え方となり、数値などは金融機関によりそれぞれ異なります)。

◉積算評価

物件の土地・建物のモノとしての価格評価する方法で、下記の式で求められます。

土地＝相続税路線価×土地面積
建物＝再調達原価×建物延床面積×(残存年数÷法定耐用年数)

「相続税路線価」とは、土地の相続税や贈与税を計算する際に用い、「公示地価」の8割が基本となっています。相続税路線価はインターネットでも簡単に調べることができます。また、土地の立地や形状により各金融機関が掛け目を入れて調整を行います。

例えば、商業地は土地活用に制限が少ないためプラスで見られる傾向があり、工業地は周辺に工場が建つ可能性があることからマイナスで見られる傾向があります。土地の形状としては、接道道路の幅員が広い、正方形に近い土地のほうが評価は伸びやすい傾向があります。

「再調達原価」とは、建物を新たに建築する場合に必要な費用のことで、構造により単価は異なりますし、金融機関によっても金額が違っています。

再調達原価

再調達原価（㎡あたり）	
鉄筋コンクリート造	19万円
重量鉄骨造	16万円
軽量鉄骨造・木造	13万円

それでは、具体例を見ながら計算してみましょう。

ケーススタディ13

【土地】

面積　240㎡

相続税路線価　1㎡あたり17万円

用途地域　第一種住居地域

【建物】

建物構造　RC造

築年数　25年

延床面積　650㎡

土地積算評価＝240㎡×17万円／㎡＝4,080万円

建物積算評価＝650㎡×19万円／㎡×｛(47年－25年）÷47年｝

＝5,780万円

合計積算評価＝4,080万円＋5,780万円＝9,860万円

◉収益還元評価

不動産の収益性に着目し、将来得られる収益を現在の収益から割り引いて物件を評価する方法です。そのため、物件の生み出す収益力が高けれ物件金額も高くなり、収益力が低ければ物件の価格も安くなります。計算式は下記

の2通りです。

①直接還元法

直接還元法＝純営業収益NOI÷還元利回り

【計算の前提条件】

・NOIを求める条件

→空室率 20%　　　運営費用：年間満室想定賃料20%

・還元利回り：エリアによって異なる。立地がよければ低く、悪ければ高い。

②DCF法（Discounted Cash Flow）

将来的に得られる利益と売却時の予想価格を現在の価値に割り引き、その合計を不動産の評価とする方法で、より精度の高い方法です。

ここで、直接還元法での収益還元評価で具体例を示します。

ケーススタディ14

年間満室想定賃料	**1,166万円**
空室率	**20%**
運営費用	**年間満室想定賃料の20%**
還元利回り	**7.0%**

収益還元価格＝

(1,166万円－1,166万円×20%－1,166万円×20%)÷7.0% ＝1億円

以上が、銀行の物件評価方法の基本的な考え方です。100％積算評価で物件を評価する金融機関もあれば、100％収益還元評価のところ、2つの評価をミックスしているところもあります。

金融機関がどの評価法を採用しているかを知ることは、融資戦略上とても重要です。積算評価は伸びないが収益還元評価が出るという物件は都心部で多いのですが、積算重視の金融機関しか知らなければその時点で購入を見送るという選択しかできません。物件購入可否に大きく関わりますので、自身で調査するか融資に強い不動産会社などに紹介してもらうことです。

金融機関から有利な借入を行うには、紹介を受けること

不動産投資で目標達成を実現するためには、よい条件の融資を継続的に受けながら資産規模を拡大する必要があります。

では、有利な条件で継続的に融資を受けるにはどうすればよいでしょうか。

まれに、自身でさまざまな金融機関を回り融資の可能性を探る方もいます。しかし個人属性（年収や金融資産）がよければ話は別ですが、多くの方はその方法ではよい条件で融資を継続的に受けることは難しいです。飛び込みでの金融機関開拓は、ほとんど融資まで行き着かないからです。金融機関側からすれば、素性の分からない人物が突然訪問して融資の相談をされても、重視すべき取引実績がない状態では相手にしないことが多いのです。

一番よい金融機関の開拓方法は、紹介を受けることです。もっといえば、金融機関との強固な関係性を持っている不動産会社などを通じての融資を打診するといいでしょう。

では、融資に強い不動産会社を選択するにはどうすればよいのか。一番有効な方法は金融機関との取引実績を確認することです。

例えば不動産会社のホームページを見て取引銀行を確認するのも1つの手ですし、不動産会社の営業担当者との会話のなかで取引のある金融機関の数や名称を聞くのもよいでしょう。注意点としては、ここでいう取引とは、金融機関の口座の有無ではなく、実際にその会社が金融機関から融資を受けているかどうかです。一般的に金融機関にとっての取引とは、融資取引を指します。預金口座を開いているだけでは金融機関から見れば本当の顧客とはいえないわけです。

その他、顧客の融資を通す際にどこの金融機関をよく利用しているかを確認することも有効です。かぼちゃの馬車事件や金融機関の不祥事を経て、紹介元の不動産会社をよく審査するようになっています。過去不祥事を起こした会社などは金融機関と取引停止になっています。どちらかといえば、パッケージ型アパートローンより、オーダーメイド型プロパーローンの金融機関のほうが審査を厳しくしている傾向が強いです。

ですから、各地域の市中金融機関（都市銀行、地方銀行、信用金庫、信用組合）が提供するオーダーメイド型プロパーローン（事業性融資）で収益物件購入資金の融資を通してきた実績があるかどうかが重要です。それぞれの地域に密着している不動産会社のほうが市中金融機関へのよいルートを持っている傾向があります。

不動産業は規模の大小にかかわらず金融機関と密接な関係にあります。関係性が強固であれば、お客様の融資をアレンジする際に融資審査上のネックや気をつける点などを事前に把握し対策を打つことで、よりよい条件を受けやすくなりますし、金融機関側も懇意にしている不動産会社のお客様ということで審査部への交渉が楽になるわけです。購入後の賃貸管理もその不動産会社がやるほうがより審査は有利に進むでしょう。

投資をしたいエリアやご自身の居住地などから、各地域の金融機関と関係性が強い不動産会社を見つけることが、融資戦略の第一歩といえます。

投資目標によって付き合う金融機関を変える

不動産投資では、投資目標によって取引する金融機関を変える必要が出てきます。年間キャッシュフロー目標が300万円の方と1,000万円の方とでは、融資戦略が異なり利用する金融機関が違うということです。例を挙げて説明しましょう。

ケーススタディ15

●Gさん（45歳・勤務医）

年収	**1,500万円**
自己資金	**3,000万円**
投資目標	**50歳までに年間500万円のキャッシュフロー（手残り）を得たい**

Gさんのように比較的短期間で一定のキャッシュフローを得たい方は多くいます。かなり大雑把に見積もって、自己資金3,000万円を投下して融資を受けて物件購入し総投資金額の2％が手残りになると、Gさんの最終的な投資規模は次のようになります。

投資規模　500万円÷２％＝2億5,000万円

この前提で不動産ポートフォリオを組むと、2億5,000万円という投資規模に向けて5年以内に数回に分けて投資していくといった戦略を立てることができます。例えば8,000万円超のアパートを3棟や1億2,000万円超のマンションを2棟といった感じです。この場合、どのような金融機関から融資を受けるのがいいでしょうか。

Gさんの投資目標金額および属性を踏まえると、パッケージ型アパートローンを利用した物件購入が早期目標達成の方法として考えられます。Gさんの属性では複数の金融機関を組み合わせれば2.5億円以上の借入が可能となるため、パッケージ型アパートローンによる融資のみで投資総額まで到達できるからです。

優良物件は購入希望者同士の獲得競争に勝ち抜かなければ手に入れることができませんが、審査スピードの速いパッケージ型アパートローンであれば、その点で有利といえます。

では、1,000万円以上の年間キャッシュフローを目指す方にとって、パッケージ型アパートローンは有効でしょうか。

パッケージ型アパートローンは個人の年収によるところが大きく、一定金額以上を借り入れると、それ以上の追加融資を受けることができなくなります。一部で既存借入を見ないアパートローンも出てきましたが自己資金を一定以上求められるため、オーダーメイド型プロパーローンの自己資金要件とそれほど変わりません。そのため、アパートローンの融資限度額までは利用しつつも、早い段階で融資の上限がないオーダーメイド型プロパーローンに移行していく必要が出てきます(はじめから利用できる属性の方は1棟目からオーダーメイド型プロパーローンとなります)。

オーダーメイド型プロパーローンのよいところは、融資金額の上限がない点や物件・属性によってフルローンが出る点などですが、属性が低い方にとっては高いハードルとなります。オーダーメイド型プロパーローンで融資を受けるには、金融資産（とりわけ現預金、有価証券など流動資産、担保の入っていない不動産）をどれだけ保有しているかが重要です。また、1億円を超える借入の際には、金融機関からは法人融資を提案されることが一般的です。

このように、それぞれの目標によって最適な金融機関を選定し、融資を受けることで、目指すべき地点まで最短で到達できるようになります。

法定耐用年数オーバーの物件でも融資が受けられる

金融機関から融資を受ける場合、一般的には「法定耐用年数－経過年数」で融資期間が決まるといわれています。

例えば築20年が経過したRC造の場合、27年（RC造の法定耐用年数47年－築年数20年）が最大の融資期間となります。

収益物件ポータルサイトを見ると、築20〜25年経過した木造や鉄骨造の物件が多く出回っています。重量鉄骨造の法定耐用年数は34年のため、築年数25年の物件であれば最大の融資期間は9年です。

融資期間9年では月々の返済額が大きいため、キャッシュフローが回り難くなります。手持ち資金が少ない人が短期間の返済で融資を受けた場合、突発的な追加費用発生時には、キャッシュフローが焦げついて返済不能に陥りかねません。

パッケージ型アパートローン全般、および一部の市中金融機関のオーダーメイド型プロパーローンでは、法定残存年数とは別のロジックで融資期間を計算し長期融資を受けることが可能です。

例えばある地方銀行では一定の属性が求められますが、築30年を超えた木造の物件にも融資期間25年、金利1.5％程度の対応が可能ですし、ある信用金庫では、残存耐用年数にかかわらず20〜25年程度で融資が受けられます。

不動産投資ではいかに長期で融資を受けられるかが重要です。これから資産形成を目指す方のみならず、すでに資産を持っている方が資産運用として不動産投資を行う場合でも同様です。融資期間を可能な限り長く取りキャッシュフローに余裕を持たせておくと、不測の事態にも余裕をもって対応できます。もともとの手持ち資金が少ない方はキャッシュフローを積み上げて2棟目以降の購入原資にすればよいですし、手持ち資金に余裕がある方は状況を見ながら一括返済してもよいわけです。いずれにせよ、融資期間は「可能な限り長く」が基本です。

ちなみに、巷でよくいわれる「法定耐用年数を超過して融資を受けると、債務超過扱いとなり次の融資が受けられなくなる」という都市伝説がありますが、全く問題なく継続融資を受けられますので、気にする必要がありません。

居住地以外の収益物件でも融資を受けられる

地域によって金融機関の融資姿勢には温度差があります。2021年現在でいえば、関東圏の融資は全体的に厳しめで、関西圏の融資は比較的出ているほうです。このような状況のなかで関東圏在住の方が、関西圏の金融機関を利用して物件を購入できないか、と考える方もいらっしゃると思います。居住地から遠く離れた金融機関から融資を受けることは可能なのでしょうか。

金融機関が収益物件の購入資金として融資をする際には、営業エリアの壁という問題があります。原則として、金融機関は営業エリア外の個人・法人、そしてエリア外への物件には融資しません。

特に信用金庫や信用組合の場合は、基本的には地元の個人・法人に対して融資を出す組織体となっています。地方銀行においては、各支店から離れていると担保物件の管理ができないため営業エリア外への融資は積極的には行っていません。

原則的には上記の通りなのですが、居住地以外の物件に対して融資を受ける方法は以下の通りとなります。

①日本全国が営業エリアとなる金融機関で融資を受ける
②地方に引っ越す

①については、営業エリアが全国に広がっている金融機関であれば、一定の賃貸需要が見込める場合、その地域の収益物件の購入資金に対して融資を出します。

日本全国で融資が受けられる金融機関は2つに大別できます。

⑴メガバンク・都市銀行（三菱UFJ、三井住友、みずほ、りそななど）
⑵パッケージ型アパートローンの金融機関（オリックス、スルガ、SBJ、三井住友トラストL&Fなど）

メガバンク・都市銀行から収益物件購入資金の融資を受けられるのは一定金額以上の金融資産を持つ方に限られますが、そのなかでも比較的融資が出やすいのは、りそな銀行となります。収益還元評価での融資となりますので、都市部の物件に対して融資が付きやすい傾向があります。とはいえ、自己資金は20％以上を求められます。こういった都市銀行を利用できる方は、居住地に縛られずに全国主要都市の利回りのよい物件を購入できるということです。

都市銀行から融資を受けられない方が関西圏などの地方物件を購入する場合は、パッケージ型アパートローンを利用します。使い勝手がよいことは前述の通りですが、ネックとしては融資限度額があるため、一定の投資規模までの利用になるということですが、多くの方に取っては居住地に縛られず物件を購入できるという点でメリットは大きいと思います。

もう1つの「地方に引っ越す」ですが、収益物件の購入だけを目的に退職し、家族で移り住むことは現実的ではありません。しかし近年、一部の投資家は住民票を移して各地域の市中金融機関から融資を受けているようです。かなりの荒業ですが、金融機関によっては生活実態を確認するため、住民票だけでは融資が下りないことが多いです。

そこで有効活用できるのが法人の設立です。具体的には投資対象エリアの近辺に事務所を借りて法人登記をするのです。すると代表者は引き続き現住所で居住しつつ地方に本店を持つ法人ができ上がり、地方の金融機関との取引が可能となります。この場合であっても代表者である個人が営業エリア内に居住していることを条件とする場合があるため、金融機関ごとの対応が必要です。

もともと事業をされている中小企業経営者であれば、例えば本社が関東圏で代表者も関東圏在住であっても、関西圏に支店があれば地元の金融機関から融資を受けられるので有利な立場ではあります。

いきなり法人設立が難しい場合、例えばパッケージ型アパートローンを利用して個人で地方に1棟目を所有し、その物件の一室を事務所にして法人を登記する方法もあります。2棟目を購入する場合は、法人で地方の市中金融機関の融資を受ければ、物件購入の選択肢が大きく広がります。

金融機関によっては、従業員が電話応対できるかなど法人の事業実態を確認するケースがありますので、詳細については金融機関の内情に詳しい不動産会社などに相談してください。

災害リスクを考慮すると、地域を分散して物件を保有することは、リスクヘッジとなります。空室リスクなども踏まえて総合的に考えると、関東圏と関西圏の両方で地域分散の形で物件を保有するのがよいと考えますので、融資の特性を理解し地域分散投資は1つの有力な方法といえます。

自己資金はどのように考えるべきか

以前は、金融機関からフルローン・オーバーローンが普通に受けられましたが、現在は一定の自己資金を求められます。こういう金融機関の融資姿勢を受けて物件金額が下落する可能性もありましたが、今のところ下がっていません。それは、収益物件の安定性には多くの投資家・法人が信頼を寄せており、今の融資状況に合わせて自己資金を投下して物件を購入しているからです。

すべての投資というのは、自分のお金を投下して運用し最終売却していくらになって戻ってきたか、という評価となります。投資効率を考えれば、自己資金の割合を少なく、借入によってレバレッジを大きくかけたほうがよいのですが、現在の自己資金を一定額以上求めてくる金融機関の姿勢の状況下では不動産投資をするメリットはまだあるのでしょうか。

そもそも私としては現在の状態が本来の融資姿勢と考えています。融資厳格化というよりは正常に戻ったのです。アベノミクス以降のフルローン・オーバーローンで資産背景のない方にも融資が出ていた状況が特別だった訳です。

今後、金融機関の経営環境が厳しさを増すなかにおいては、優良な融資先である収益物件向け融資が軟化し再度フルローン・オーバーローンが復活する可能性も無くはないですが、現段階では何とも言えません。

以上を踏まえると、今の状況下では人生の時間を有効に活用し投資・運用するためにも、現預金をお持ちの方は自己資金を投下して物件購入するべきだと考えます。今の一定の自己資金を求める融資環境であっても、不動産投資は他の投資よりも投資効率がよく安定性もあります。

それを判断する指標として、自己資金配当率：CCRがあります。CCRとは、1年単位で自分のお金（エクイティ）に対する投資のリターンを数値で表したものです。

 **CCR【%】=キャッシュフロー÷投下自己資金**

では、実際に自己資金を投下することで、投資効率はどのように変化するのでしょうか。ここでは、特定の物件で自己資金比率を変化させることで、投資パフォーマンスがどう変化するのかをシミュレーションします。

ケーススタディで見てみましょう。

ケーススタディ16

 **【概要】**

構造	RC造
築年数	築20年
物件金額	1億5,000万円（土地 4,500万円、建物 1億500万円）
購入諸費用	600万円
年間満室想定賃料	1,250万円（表面利回り 8.33％）
空室・滞納損	62.5万円（賃料×5%）
運営費用	250万円（賃料×20%）
賃料下落	毎年0.5%減

【融資条件】

金利	1.5%
期間	27年
返済方法	元利均等返済

【運用条件】

保有期間	10年
購入者	法人
税率	25%

この条件で、自己資金を変化させて投資パフォーマンスがどう変わるかを見てみます。一覧にまとめました。（図表49参照）さまざまな切り口で評価していきましょう。

①税引後キャッシュフロー（図表49のB）

自己資金を多く投下したほうが、金額としてのキャッシュフローは大きくなります。同じ物件に投資したとしても、フルローン（諸費用は自己資金）と全額自己資金購入では保有中の税引後CFでは約5.44倍の差が出ます。

全額自己資金時の税引後CF 7,699万円
÷フルローン時の税引後CF 1,414万円≒5.44

ただし、この結果のみでは投資を評価することはできません。

②投資によって増えた金額（図表49のC）

こちらも自己資金を多く投下したほうが増加金額は大きくなります。フルローンと全額自己資金では約1.62倍の差が出ました。

全額自己資金時の増加金額3,713万円
÷フルローン時の増加金額2,290万円≒1.62

比べてみると、①とは異なる結果になりました。これは借入が多いほうがレバレッジが効き投資効率が高くなり、投下した自己資金を効率よく運用できたということです。

投資は、増加したお金を得るためにどれくらいの自己資金を投下したのかという視点が大切です。

図表49 自己資金と投資パフォーマンスの関係

条件	融資比率(物件金額比)	100%	90%	80%	70%
	融資金額	150,000,000	135,000,000	120,000,000	105,000,000
	自己資金…A	6,000,000	21,000,000	36,000,000	51,000,000
	自己資金割合(総投資額比)	**3.85%**	**13.46%**	**23.08%**	**32.69%**
保有中	1年目税引前CF	2,615,290	3,291,261	3,967,232	4,643,203
	1年目税引後CF	1,692,590	2,313,061	2,933,732	3,554,203
	10年累計税引前CF	23,516,314	30,276,024	37,035,734	43,795,444
	10年累計税引後CF	**14,145,414**	**20,431,424**	**26,716,734**	**33,001,244**
売却	売却税引前CF	15,022,324	25,160,091	35,297,859	45,435,627
	売却税引後CF	**14,759,824**	**24,897,591**	**35,035,359**	**45,173,127**
結果	保有中＋売却税引前CF	38,538,638	55,436,115	72,333,593	89,231,071
	保有中＋売却税引後CF…B	**28,905,238**	**45,329,015**	**61,752,093**	**78,174,371**
	投資で増加したお金…C＝B－A	22,905,238	24,329,015	25,752,093	27,174,371
	自己資金倍率…D＝B／A	4.82	2.16	1.72	1.53
投資効率	1年目CCR	43.59%	15.67%	12.89%	9.10%
	税引前IRR	43.42%	15.68%	12.47%	7.90%
	税引後IRR	29.12%	11.08%	6.46%	5.64%

③自己資金が何倍になったか（図表49のD）

10年間の投資により、自己資金に対しどのくらいリターンがあるのかを表したのが図表のDです。自己資金が10年間で、全額自己資金の場合は1.24倍になり、フルローンでは4.82倍になるので、投資効率の観点ではフルローンがよさそうです。

例えば、物件融資割合70%で諸費用含めた総投資額に対し32.69%の自己資金を投下した場合、10年間で自己資金は1.53倍になりました。

各々の判断によりますが、納税後で1.5倍となると、株式投資やその他の投資と比較してもよいパフォーマンスだといえるのではないでしょうか。

50%	30%	20%	10%	0%
75,000,000	45,000,000	30,000,000	15,000,000	0
81,000,000	111,000,000	126,000,000	141,000,000	156,000,000
51.92%	**71.15%**	**80.77%**	**90.38%**	**100.00%**

5,995,145	7,347,087	8,023,058	8,699,029	9,375,000
4,795,145	6,036,087	6,656,558	7,277,029	7,897,800
57,314,864	70,834,284	77,593,994	84,353,704	91,113,413
45,572,164	**58,143,084**	**64,428,494**	**70,713,804**	**76,998,813**

65,711,162	85,986,697	96,124,465	106,262,233	116,400,000
65,448,662	**85,724,197**	**95,861,965**	**105,999,733**	**116,137,500**

123,026,026	156,820,981	173,718,459	190,615,937	207,513,413
111,020,826	**143,867,281**	**160,290,459**	**176,713,537**	**193,136,313**
30,020,826	**32,867,281**	**34,290,459**	**35,713,537**	**37,136,313**
1.37	**1.30**	**1.27**	**1.25**	**1.24**

7.40%	6.62%	6.37%	6.17%	6.01%
5.65%	**4.57%**	**4.22%**	**3.94%**	**3.71%**
4.05%	**3.29%**	**3.04%**	**2.84%**	**2.68%**

不動産投資は、毎月のキャッシュフローをその投資物件に再投資することはできないので、金融商品などの複利運用商品と同条件で比較はできません。よって不動産投資の場合は、毎月のキャッシュフローを積み上げて、累積キャッシュフローを他の物件購入に充てることで、実態として複利効果が得られることになります。

ここで、不動産投資以外の投資と比較してみましょう。自己資金投下率が32.69％（10年後の自己資金が1.53倍の投資成果）と同じ投資パフォーマンスを得るためには、どの程度の利回りで運用をすればよいのでしょうか。

運用期間10年、有価証券の税率20.315％で試算すると、結論としては利回り5.5％（税引前）となります。

図表50　10年間で自己資金が1.5倍になる複利投資商品の例

	投資初期	▲10,000,000
税引後受取利息	1年目	10,438,264
	2年目	10,895,739
	3年目	11,373,256
	4年目	11,871,705
	5年目	12,391,993
	6年目	12,935,088
	7年目	13,501,983
	8年目	14,093,730
	9年目	14,711,410
	10年目	**15,356,161**

※税引後

【複利投資商品概要】

利回り	5.5%（税引前）
運用期間	10年
税率	20.315%

上記条件で1,000万円を運用した場合のシミュレーションは左の通りです。

1,000万円の元手が、10年後には約1,530万円に増えました。

結果として、サンプル物件における自己資金投下率32.69%と同じパフォーマンスとなります。しかし、年利5.5%で運用できる金融商品は、それほど多くはありません。あったとしても、元本の変動性（ボラティリティ）が高い運用先になりリスクは大きくなるでしょう。

そういった点からも、不動産投資で一定の自己資金を投下しても、他の投資商品と比べてもよい結果をもたらす可能性があるといえるでしょう。

④内部収益率　IRR

自己資金が何倍に増えたかという話だけではなく、お金の現在価値まで考慮した利回りである内部収益率IRRで投資を評価するのが正しいです。

フルローン（自己資金割合3.85%）の場合のIRRは、税引前で43.42%、税引後で29.12%となっています。レバレッジ効果が高くかなり高い運用成果だといえるでしょう。

全額自己資金の場合、IRRは税引前で3.71%、税引後で2.68%でした。正直、このパフォーマンスであれば、他の投資先を検討してもよさそうです。相続税評価額圧縮効果はありますので、主としてキャッシュフロー目的ではなく、税金対策・資産保全対策としてはよいと思います。

また、自己資金割合100%のIRR水準であっても、ファンドなどの大規模な現金を動かせる投資家であれば、そこから生み出される運用益の金額自体が大きいので投資先としては成り立ちます。

①から④までを踏まえて、どのくらいの自己資金であれば、不動産投資をやるメリットがあるといえるのでしょうか。他の運用商品のIRRを計算することで比較ができます。先ほどの投資商品における、IRRを計算してみましょう。

税引後元利合計は、以下の通りです。図表の数字は、お金の出入りを税引後で示したものとなります。

図表51　利回り5.5%の投資商品のお金の出入り

	投資初期	▲10,000,000
税引後受取利息	1年目	438,264
	2年目	457,475
	3年目	477,517
	4年目	498,449
	5年目	520,288
	6年目	543,095
	7年目	566,895
	8年目	591,747
	9年目	617,680
	10年目	10,644,751

IRR	5.26%

※税引後

IRRは5.26%でした。

同じIRRをケーススタディ15の自己資金割合で見ると、自己資金割合32.69%（物件金額に対しての融資割合70%）が5.64%で、大体同じとなります。

繰り返しになりますが年利5.5%で運用できる投資商品は、かなりよい投資先だと思います。自己資金30%程度の不動産投資であっても、同等の投資パフォーマンスを発揮します。

結果として一定の自己資金を投下した場合でも、他の投資・運用先より高いパフォーマンスを出す可能性があることが分かりました。不動産投資においては、自己資金30%程度までは投資効率は特によいといえます。融資厳格化のなかでも、自己資金を投じて不動産投資をする方々がいるのはこういった理由があるからです。

資産管理法人を設立して融資を受ける

前章では税金面を中心に資産管理法人を設立し不動産投資をすることのメリットをお伝えしましたが、融資面でも資産管理法人にはメリットがあります。

資産規模を拡大しようとすれば、おのずと融資限度額のない市中金融機関からの融資が必要になりますが、市中金融機関のプロパーローンは法人向け融資が原則です。金融機関の主要な融資先は個人ではなく法人が主力なのです。個人向けの融資もありますが、住宅ローンやマイカーローンなどに限定されます。収益物件への融資は、一般事業法人に対する運転資金や設備資金の融資と同様の扱いです。

そして収益物件であれば、担保があるうえに1案件あたりの融資額も大きいため、一定の自己資金は求めつつも、金融機関としては積極的な姿勢を見せるところが多いのです。

資産管理法人を活用し融資を有利に進め、短期間に投資規模を拡大できる方法に「1法人・1物件・1金融機関」スキームというものがあり、近年この方法で融資を受けることが広く行われていたようですが、これは金融機関を欺く行為であり取引停止になる危険があるので原則行ってはいけません。

このスキームは金融機関毎に法人を複数作り、融資を受ける金融機関には他の法人の存在を伏せながら物件を買い進める方法です。物件を複数法人で保有する方法は相続税対策などでは一般的ですが、このスキームは金融機関に他の法人の借入を伏せていることに問題があります。

日本では、個人名義で借入をすると個人信用情報機関に登録され、その人がどのような借入を行っているか、滞納などの事故歴はないかといった情報を、他の金融機関でも本人の同意があれば知ることができます。

日本には3つのメジャーな信用情報機関があります。

- **シー・アイ・シー（主にクレジットカードに関する情報）**
- **全国銀行個人信用情報センター（主に金融機関との取引に関する情報）**
- **日本信用情報機構（主に貸金会社との取引に関する情報）**

これらの信用情報はあくまで個人に関することに限定されているので、法人の信用情報は登録されません。つまり法人名義で融資を受けて物件を購入したとしても、個人信用情報機関には全くその事実が載らないということです。通常、法人で融資を受ける場合、代表者は連帯保証人となりますが、その事実も載りません（連帯債務であれば記載されます）。

また金融機関が融資審査をする際には、債務者の職業や年収、金融資産、そして借入金額などの基本情報に賃貸経営の実績も含めて総合的に判断します。しかし新設法人の場合は当然、賃貸経営の実績や法人自体での借入もありません。融資審査は借りようとする方の個人属性と物件評価のみとなるため、審査が通りやすい傾向となります。

このスキームの問題点は、法人が別とはいえ実質的に同一人物（あるいは親族）が多額の債務を背負いながら、それを金融機関が把握しておらず融資を実行している点です。

もし、既存法人に多額の借入があったとしても、新設法人の情報としては出てこないため、新たに融資を検討している金融機関側は資産と負債のバランスの実態を把握することができません。そのため、適正な評価・審査ができないということです。

把握していない多数の法人で融資を受けていることが金融機関側に発覚すれば、場合によっては債務者の期限の利益を失い一括返済を求められるリスクがあります。よって、法人を分けて物件購入する際には、金融機関側に法人を他に保有していることや借入がある旨はきちんと伝えることをお勧めします。

金融機関側もこのスキームがあることを把握しているため、審査時には他の法人を保有しているかどうか、その法人で借入しているかどうかなどを確認するようになりました。

こうした手法を使わなくても、通常通り資産管理法人にて不動産ポートフォリオを組成し賃貸経営の実績を確実に積み上げていけば、継続的に融資を受けることは可能です。

キャッシュフローを重視し、つぶれない賃貸経営をする

年間売上何十億円規模のITベンチャー企業が、直近の決算では黒字決算であったにもかかわらず、資金ショートで倒産に追い込まれたという記事を目にしたことがあります。私はこの記事から経営におけるキャッシュフローの重要性を改めて認識しました。

経営で最も重要なことは倒産せずに事業を継続することです。会社が倒産するのは、赤字決算の時ではなく、多くは支払い能力が不能になった状態、つまり資金が尽きた時なのです。先のITベンチャー企業のように、たとえ決算が黒字でも目先の支払いができなくなれば倒産に陥ります。これがいわゆる「黒字倒産」です。

逆に考えると、たとえ手持ちの現金が借金で得たものであっても、支払いができれば企業は継続できると言えます。これを不動産投資に置き換えて考えましょう。

賃貸経営において、キャッシュフローに大きな影響を与えるのは毎月の借入返済金です。例えば物件を検討している際に借入の選択肢として次の2つの条件があった場合、どちらを選ぶでしょうか。

① **金利2.0%　　融資期間20年**

② **金利3.0%　　融資期間30年**

実際には正解のない質問ですが、キャッシュフローの重要性を認識している投資家の方は②を選ぶはずです。①の場合のローン定数Kは6.07%、②の場合のローン定数Kは5.06%になります。

すでに解説の通り、ローン定数Kの値が小さいほど、総収益率FCRとの差つまり、イールドギャップが大きくなり、キャッシュフローは大きくなります。ですから、キャッシュフローを重視した場合は、②を選んだほうが得策です。現在のキャッシュフローに重きを置かない方は、金利負担が少なくなる①もよい選択でしょう。具体例を出して、さらに詳しく見てみましょう。

ケーススタディ17

物件金額	**9,500万円**
購入諸費用	**500万円**
年間満室想定賃料	**900万円（表面利回り9%）**
空室・滞納損失	**50万円**
運営費用	**200万円**
NOI	**650万円（900万円－50万円－200万円）**
FCR	**6.5%（650万円÷1億円）**

この物件を前記2つの条件でオーバーローン（借入金額1億円）を利用して購入した場合、それぞれのキャッシュフローは次の通りです。

① 金利 2.0%　融資期間20年の場合

イールドギャップYG＝FCR 6.5%－K 6.07%＝0.43%

税引前CF　＝借入金額１億円×YG 0.43%＝43万円

② 金利 3.0%　融資期間30年の場合

イールドギャップYG＝FCR 6.5%－K 5.06%＝1.44%

税引前CF　＝借入金額１億円×YG 1.44%＝144万円

借入条件①と②では、表面上出てくるキャッシュフローの差は明らかです。

金利がもったいないと考えて①を選択した場合、20年を過ぎれば返済がなくなるため、それ以降は賃料全額が手に入ると考えることもできますが、融資期間が短い分、月々の返済額が大きく現金がなかなか貯まりません。保有期間中に突発的にまとまった現金が必要となり借入金額の返済原資が不足した場合、賃貸経営に行き詰まる可能性があるのです。

借入②を選択すれば、毎年現金が蓄積していくため有事の際でも支払い原資を確保しやすくなります。もしくは累積キャッシュフローを次の物件取得の際の投資原資に充てることも可能でしょう。

このようにキャッシュフローを重視すると、金利の高い低いではなく融資期間を考慮に入れ、キャッシュフローが回るかどうかの視点で投資ができるのです。

金融機関は債務者に対して「期限の利益」を与えています。これは決められた期限までは全額返済しなくてもよいという債務者の権利のことで、一定期間内で分割返済する取り決めがなされるのが一般的です。債務者に与えられているこの権利を最大限に活用しない手はありません。

金利にこだわりすぎないほうが投資の幅が広がる

一見すると借入金利が高くても、融資期間を考慮に入れることでイールドギャップを大きく取ることができ、キャッシュフローが回りやすくなるというのは前述の通りです。キャッシュフローや投資効率を考えると、あくまで「融資期間は長く」が基本でした。

金利についてはもちろん低いほうがよいのですが、金利にこだわり過ぎると投資の幅が狭くなり、購入できる物件の選択肢が少なくなります。

例えば金融資産が5,000万円以上ある方は、オーダーメイド型プロパーローンで金利1%以下と好条件で融資を受けることも可能です。メガバンクなどの融資審査に通るのは、いわゆる“きれいな物件”、具体的にいえば法定耐用年数が十分残っているRC造で検査済証もあるような物件です。しかし、そうした物件は総じて低利回りとなります。相続税対策や当座のキャッシュフローに重きを置かない投資を志向される方はこうした物件でもよいのですが、不動産投資によるキャッシュフローを再投資原資として買い増し続けていく方にはお勧めできません。

不動産投資の目的は、借入金利を抑えることではありません。「借入金額」「金利」「期間」を考慮に入れて融資を受け、投資効率のよい物件を購入する。そして税引後CFの最大化を図ったうえで、複数棟購入し目標の達成を目指す。これが、本来の目的であるはずです。金利のみにこだわり過ぎると投資の幅を狭め、目的達成から遠のいてしまいかねません。

事実、私自身の収益物件購入に際しての調達金利は、1%以下の金融機関もあれば、3%台のところもあります。物件によって使い分けを行っており、どの物件も潤沢にキャッシュフローを生んでくれています。

融資を受けやすい人、受けにくい人の共通点を知っておく

ここまでは金融機関から融資が受けられる前提で話を進めてきましたが、誰でも借入ができるわけではありません。融資を受けやすい人、受けにくい人の違いは何でしょうか。

はっきり申し上げれば融資を受けやすいのは、現預金や金融資産（無担保の不動産、有価証券など）を潤沢に持っている人です。資産背景がしっかりしている方に金融機関はお金を貸したいのです。本業の年収が低くても一定の金融資産があれば融資を受けることは可能です。

どの程度の金融資産が必要かは一概には言えませんが、今の融資情勢を鑑みれば、購入する物件購入金額の3割以上は必要でしょう。

融資を受けにくいのは自己資金を蓄えていない人です。年収が1,000万円以上あっても、自己資金が数百万円程度だと審査はかなり厳しくなると心得てください。

金融機関が金融資産を重視する理由は、きちんと返済してくれる人なのかどうか、つまり人物像を見ているからです。本業の年収が仮に低かったとしてもお金を貯めている人は計画性があり、返済も滞りなく進むだろう、という一定の評価につながるわけです。特にオーダーメイド型プロパーローンを提供する市中金融機関（都市銀行、地方銀行、信用金庫、信用組合）は金融資産で人物像を評価する傾向があります。

オーダーメイド型プロパーローンほど厳しくなく、自己資金が少ない方でも融資を受けられるのが、パッケージ型アパートローンですが、その場合は年収が重視されるため、最低でも年収500万円は必要となり、年収の低い人は使えないということです（最近は年収700万円というバーになってきています）。

アパートローンを利用する場合は勤務先の情報も重要です。勤めている会社が借り手の信用につながるからです。

いずれにしましても、今の融資情勢は過去の信用力の乏しい方への貸出を乱発していた反省から、資産背景が弱い方への融資は相当ハードルが高くなってきたということです。

ご自身がどういう金融機関から融資を受けられるか、日常的に金融機関とやりとりしている不動産会社などにご相談されることが最初の一歩になります。

【コラム②】

融資がおりにくい人にお勧めの不動産投資商品も出ている

この章では、不動産投資における融資の重要性をお伝えしてきました。では、融資が下りない人は、不動産投資を始められないのでしょうか。そのような声にお応えして、当社では手軽で簡単に始めることができ、安定収益が出せて安心な「次世代型不動産投資」のサービスを始めました。それが「みんなで資産運用」です。

「みんなで資産運用」は、196ページでも紹介した、不動産小口化の仕組みを活用した、複数の投資家による共同出資型不動産投資の商品です。簡単にいうと、収益物件を小口化して複数の人が買えるようにしたもので、最低1万円から始められるのが特徴の1つです。これは、不動産特定共同事業法という法律に基づいた仕組みです。事業者である当社と、出資者であるお客様の間で、匿名組合契約型の不動産特定共同事業契約を締結します。従来の不動産投資は物件購入に多額の現金・融資が必要でしたが、その問題を解消した商品です。デジタルテクノロジーを活用し申込み、購入、売却までスマホ・ウェブですべて完結し、従来のように手続きの際に多くの書類・契約は不要です。そして、購入時・売却時の手数料も一切無料であり、かつ、いつでも売却できるため資金拘束がなく流動性が極めて高いのが特徴です。

リスクとしては価格変動リスクがありますが、出資総額を「優先出資（お客様）」と「劣後出資（当社）」に分け、運用期間終了時に万が一物件評価が下落していた場合、下落分を劣後出資から負担をする「優先劣後システム」を導入しました。評価額下落額が劣後出資額内の場合は、「優先出資」であるお客様の元本に影響はありません。

分配金は賃貸収入から、物件管理運営費用（固定資産税・都市計画税など）を差し引いた賃貸利益が原資です。利益分配も優先劣後システムにより、お客様への分配が優先となる仕組みです。

2021年3月時点で、京都市のファミリー区分マンションと中古一棟リノベーション物件、神戸市のファミリー区分マンションを対象にしたファンドを組成しましたが、いずれも申込率は100％を超えました。実質利回りは3%程度という水準です。

不動産投資は投資規模が高額になるのがこれまでの常識でしたが、こうした商品があることで、少額から不動産投資を始められるのは、大きな魅力だと思います。これまで、物件を買えるのは富裕層や属性の高い人というのが定番でしたが、新たな商品の登場で、不動産投資を取り巻く環境は大きく変わろうとしているのです。

当社としても、今後「みんなで資産運用」に注力したい所存です。小口の不動産投資といえば「みんなで資産運用」といわれるようにしたいと考えています。

図表52　「みんなで資産運用」の仕組み

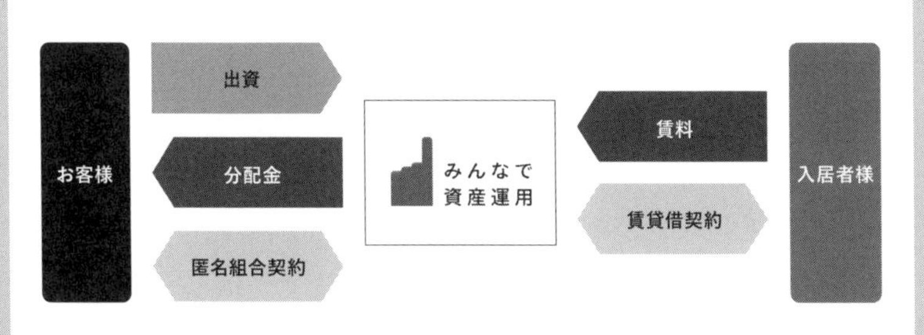

※本サービスは2022年4月より、不動産小口化ファンド『&FUND（アンドファンド）』にリニューアルしています。
公式サイト：https://yamatozaitaku.com/andfund/

第6章

成功法則⑤

「管理」

賃貸管理に特化した不動産会社をパートナーに選ぶ

不動産投資は経営である

前章までで、不動産投資における立地や物件の見極め方、融資戦略について述べてきました。これらはいずれも、物件を手にするまでの内容です。

では、初期設定を間違えずによい物件を買うことができたら、不動産投資の成功は約束されるのでしょうか。答えは当然ながら、「NO」ということになります。むしろ、物件を買ってようやくスタートラインに立てると私は考えています。これまで論じてきたのはあくまでも理論です。当然ながら、初期設定が間違っている物件を頑張って運営したところで、うまくいくはずがありません。

一方、いくら高利回りの物件を買ったとしても、適切な管理や運営を行わないと、そのパフォーマンスが発揮できないことも事実です。想定通りの運営をしてこそ、成功のレールに乗ることができます。

株式投資であれば、銘柄を買えばあとは相場の動きに身をゆだねるだけです。ところが不動産投資は事業なので、買って終わりではありません。

例えば、入居希望者からの賃料交渉を受けるのかどうか、室内修繕のフルリノベーション工事を提案されたがそこまでやるのかなど、いくつもの判断に迫られます。詳しくは後述しますが、こうした専門的な対応を物件オーナーがすべて行うのは、かなり大変です。

そこで、管理を任せられる不動産会社・管理会社がいるわけですが、最終の意思決定者はどんな時でも物件オーナー自身であり、責任を負うのも自分自身です。管理運営の実務は任せても物件で起こることはすべて「自分事」と意識することが肝心です。不動産投資は経営なのです。

面倒な管理運営は専門家に任せる

人口が増加していた戦後の高度経済成長時代は、住宅が不足し、空室リスクをそれほど気にする必要はありませんでした。

ところが日本は人口減少時代を迎え、住宅の供給過剰にも陥っている現在は、募集をかけるだけで入居者が集まるような時代ではありません。戦略的なリーシング（入居募集）活動、費用対効果を考慮したリフォーム計画、初期段階の購入物件の選定や、節税（タックスマネジメント）など、不動産投資を成功に導くために考えるべき経営課題は多岐にわたります。

こうした経営面の努力を怠るとたちまち収益が悪化し、不動産投資で成果を上げることができなくなります。会社を存続発展させるために経営面・財務面でのマネジメントが求められるように、不動産投資においても適切な経営戦略が不可欠なのです。

いくら利回りが高く、立地に優れている物件を購入できても、その後の管理運営をしっかり行わなければ期待する投資成果は上げられません。だからこそ物件購入後の管理運営が大変重要なのです。不動産投資が賃貸経営事業といわれる所以です。

幸い、不動産投資は管理運営をアウトソースできる体制が整っています。信頼できるパートナーを味方につけて、保有物件の管理運営を一任すれば、あとは自動的に収入が入ってくる仕組み（＝お金を生み出す装置）を構築できるのです。

管理の方法を詳しく見ていきましょう。

不動産投資には、物件を「自主管理」する方法と管理を「外部（管理会社）に委託」する方法の2種類があります。

自主管理は説明するまでもなく、保有する収益物件を自分で管理する方法です。すでに退職されている方、あるいは土地オーナーなど一部の時間的余裕がある方は可能かもしれませんが、本業のある方が物件を自分で管理するのは現実的ではありません。

私も会社員時代に保有物件の自主管理にチャレンジした経験がありますが、働きながらでは無理だと実感し、すぐに諦めてしまいました。管理業務は多岐にわたりますから、本業の片手間で行うのは現実的でありません。

例えば、昼間の仕事中に賃貸仲介会社や入居者から連絡が入ってもスピーディーに対応できません。昼間だけでなく、夜間に何かトラブルが発生した場合も、即座に解決策を講じるのは難しいでしょう。ところが物件オーナーとすぐに連絡が取れない場合、入居者は不満を抱き、最悪のケースでは退去につながる可能性があります。まさに 24時間 365日体制で入居者対応にあたらなければならないのです。働きながら物件管理も行う場合は、質の高い管理を行うという点でかなり難しいと思ったほうがよいでしょう。

時間的余裕のある方が自主管理をするにしても、賃料回収や賃料交渉などの入居者対応、日々の物件のメンテナンスといった基本的な業務はできるかもしれませんが、入居者募集は物件オーナー自身では難しいため外部（賃貸仲介会社）に委託することになります。

ここで考えたいのが、そこまでして自主管理にこだわる必要性があるのか、ということです。利点は管理会社への委託手数料がかからない点くらいでしょうか。ですがコストを抑えるために自分で管理をすることは、手間なく投資・経営ができる不動産投資のメリットが得られなくなります。会社経営者や医師などの高収入の方の場合、本業での時間あたりの報酬に比べると、管理会社に支払う手数料のほうが割安です。

一方、物件の管理会社に委託する場合の利点は明確です。管理運営面において一切の手間がかかりません。少し時間がかかることといえば、管理会社からの運用レポートや入居者募集活動報告の確認、リフォーム提案に対して実行するかどうかの判断などです。

管理会社に管理を委託することは、株式会社における所有と経営の分離です。物件の所有者であるオーナーは全株式を保有する株主と同じで最終的な経営判断のみを行い、その判断に基づき外部のプロフェッショナルがオーナーの利益最大化のために実務業務を代行します。パートナー選びさえ間違わなければ、物件オーナー自身は本業に集中しながら安定収入が得られる仕組みを構築できるのです。

賃貸管理の方法は、主に一般管理とサブリースの2つ

外部の管理会社に委託する場合も、その方法は大きく2つに分かれます。それが、一般管理とサブリースです。

一般管理は手間がかからないことがメリットです。管理手数料として管理会社に賃料の3〜5%程度支払う必要があります。これにより、先ほど挙げた管理業務から物件オーナーは解放され、普段の運営をプロフェッショナルに任せることができるのです。

一方、サブリースは物件オーナーから事業者が建物を一括で借り上げることで、賃貸管理を一手に引き受けるやり方です。一般管理と同様、物件オーナーは管理業務に煩わされることがなく、一定の賃料収入が保証されるというのがメリットとされています。

ただし、これは正確性を欠いた情報です。正確にいえば、賃料収入のうち、実質10〜20%が手数料として事業者側に支払われますし、必ず数年おきに減賃交渉が入ります。

また競争力が高く、最も高い賃料が取れる新築時は、サブリース事業者が利益を取ることで物件オーナーとしては機会損失になります。新築時は、わざわざサブリースという高い手数料が発生する方法を選ばずとも、入居者は一般管理ないしは自主管理でもきちんと入ります。むしろ、新築時にすら入居者がつかないのであれば、そもそもその賃貸経営プランは、間違っていることにほかなりません。

サブリースでとりわけ問題なのは、前述した数年おきの減額交渉です。例えば、30年同額賃料の借上ではなく、賃料相場に併せて借上賃料自体は減額する前提の30年契約であること、数年ごとに減賃交渉が入ること、条件が合わなければサブリース契約が解除になる場合もあるといったリスクが、サブリース事業者側から物件オーナーに対して、きちんと伝えられていません。理論武装していないと、相手の口車に乗ってしまう恐れがあります。

2020年12月にサブリース新法が施行されたとはいえ、物件オーナーが思考

図表53　サブリースと一般管理の比較表

	サブリース	一般管理
メリット	・空室の有無にかかわらず保証された借上賃料を受け取れる ・賃貸管理の煩わしさがない	・最小限の費用を管理会社に支払えばよく利益を最大化しやすい ・賃貸管理の煩わしさがない（サブリースと同じ）
デメリット	・管理会社（サブリース事業者）に支払う費用が高額 ・共益費を受け取れない ・借上賃料は数年に一回減額になる（契約期間は30年など長期だが借上賃料は必ず減額になる）	・空室発生により賃料収入に変動が生じる

停止に陥るような営業トークは今でも展開されているようですので、甘い言葉を使った説明や将来のリスクが伏せられた美辞麗句には注意が必要です。

当社で推奨しているのは一般管理です。依頼すれば、建物のメンテナンスもすべて行ってくれます。物件オーナーが行うことは空室が発生した際にどういう条件で募集するか、修繕を行うか否か、といったことの判断です。それも管理会社からの提案に対してYES or NOで応える程度ですので、大きな手間ではありません。

そもそも、この業界でサブリースが始まったのは40年ほど前です。その時代は、需要に対して賃貸住宅が不足していので、賃料下落も空室リスクも今ほど大きくなく、物件オーナーにも儲けがある程度あったからこそ成り立っていた部分もあったのですが、賃貸住宅が溢れ、人口も減少フェーズに入った今、同じやり方でうまくいくはずがありません。

サブリースをお勧めしない、さらなる理由

サブリース一括借上のデメリットは、他にもあります。

代表的なのが共益費です。例えば賃料 7 万円、共益費 8,000 円の物件があったとします。一般管理の場合、賃料と共益費の合計額 78,000 円から管理会社の手数料 5%を控除した 74,100 円がオーナーの手元に入ります。

一方、サブリース（借上率90%）の場合、入居者が支払う賃料70,000円からサブリース事業者が10%相当の報酬を得て、物件オーナーは63,000円を得ることができます。そして、共益費8,000円についてはサブリース会社がそのまま懐に入れてしまうのです。共益費は賃料ではないので、物件オーナーに渡す必要がないという考え方のようです（入居者が賃料共に支払っているにもかかわらずです）。本来であれば共益費も物件オーナーがもらうべきなので、一般管理とサブリースの差はこういったところでも大きくなるのです。

不動産投資家の1室あたりの手取りの差は、

一般管理 74,100円－サブリース 63,000円＝11,100円

となります。

仮に部屋数が20戸の建物だった場合、その差は月間22万2,000円、年間で266万4,000円にもなるのです。

新築物件に多いのですが、サブリース事業者側に免責期間が設けられることもあります。一括借上をしてからはじめの2カ月間は、入居の有無にかかわらず賃料の支払いは発生しない契約になっているのです。

例えば4月1日からサブリース契約が始まるとして、実際に借上賃料をオーナーに支払うのは6月分からということです。その免責期間中に得られたはずの賃料・共益費はまるまるサブリース事業者が得る構図になっています。

修繕費の問題もあります。修繕費の取扱いはサブリースの契約内容によって、事業者が負担する場合と物件オーナーが負担する場合があります。仮に事業者が負担する契約だと、サブリースの借上率は80%程度まで下がることが多いです。事業者側は「修繕費の心配がなくなります」と説明するかもしれませんが、新築の場合、最初の10～15年は費用がかさむ設備の更新はないですし、あったとしても、設備ごとに法律（住宅の品質確保の促進等に関する法律など）で定められた保証期間内であれば、事業者である施工会社の責任となります。つまり、サブリース契約において修繕費を事業者側に負担させる理由はないのです。費用だけが無駄にかかることになります。入居者が替わる際などに、クロス（壁紙）の張替えなどが発生することもありますが、新築から年数が経っていない建物であれば、入居者が破損した可能性が高いでしょう。そうであれば、入居者負担で直すことが可能です。

とはいえ、「修繕費は物件オーナー負担」というサブリース契約も少なくありません。中古の場合は、すべてそうなります。この時、事業者側が、その内容をきちんと説明しないケースが散見されます。サブリース契約書の内容をしっかり確認することが必要です。

一般管理には「仲介管理混在型」と「管理専業型」の2つがある

一般管理について補足説明をします。

一般管理は、「管理会社」と呼ばれる事業者に管理を委託することですが、管理会社はその業務構造によって、「仲介管理混在型（以下、混在型）」と「管理専業型（以下、専業型）」の2種類に分けられます。

自社で賃貸仲介店舗を構えつつ賃貸物件の管理を行うのが混在型で、自社仲介店舗を構えず管理に特化しているのが専業型です。

物件オーナーからすると、混在型にはいくつかの問題があるといえます。混在型は物件オーナーと入居者の間に立ちますが、そこでは利益相反の関係となるからです。

つまり、物件オーナーはなるべく高い賃料で貸したいと考える半面、入居者はなるべく安く借りたいと考えています。そして、混在型管理会社は両者の調整役です。裁判でたとえると、原告側と被告側の弁護士が同じということで、米国の不動産業界では、基本的に物件オーナー側と入居者側が同じエージェント（仲介会社・管理会社）であることは法律で禁止されています。

他にも、混在型は自社が管理する物件を競合する他社（同様の混在型や賃貸仲介専業会社）に、入居者募集に関する情報を提供するインセンティブが弱いという問題も抱えています。なぜなら、賃貸仲介という側面で見れば、他社は入居検討者獲得競争においてライバルになるからです。自社で管理している物件を、あえてライバルである他社に紹介してくださいと情報提供することはしにくいのです。彼らにとって、空室情報は商品なので当然の行動ですが、物件オーナーにとっては不利益になります。結果、その混在型の店舗に来店する限られた人に対してのみ物件が紹介される傾向になるため、入居者決定まで時間を要する確率が高まるのです。

一方、基本的に賃貸仲介業務を行わない専業型は、管理業務に徹した会社です。物件オーナーから物件を預かり、仲介店舗は構えない形で入居者募集を行ったり、賃料回収などの既存の入居者管理や原状回復・メンテナンスといった建物管理をします。

重要なのは、専業型は混在型に比べて、物件オーナーの代理人として仕事をするという性格が強い点です。

例えば入居者募集においては、仲介手数料に固執することがないため、物件が立地するエリア狭域・広域のすべての仲介会社に物件情報を流通させ、広い間口で募集をかけます。よって、入居者は早く決まりやすくなります。

賃料交渉などが入った場合にも、専業型は物件オーナー側の代理人・エージェントとして、入居検討者側のエージェントである賃貸仲介会社と交渉を行いますので、より物件オーナーの利益を守るという立場で動いてくれます。

では、常に専業型管理会社を選べばよいかといえば、それは物件所在エリアによって異なります。都市部では専業型、地方では混在型となります。

都市部には多数の賃貸仲介会社があるので、各社に広く情報を行きわたらせることが空室対策に有効であるため専業型がいいです。

図表54　混在型と専業型の違い

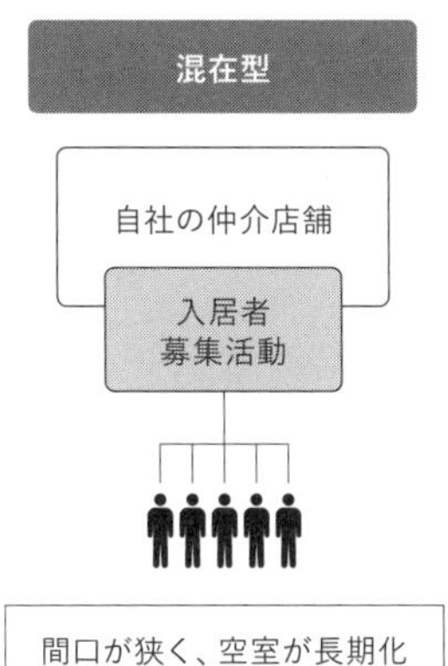

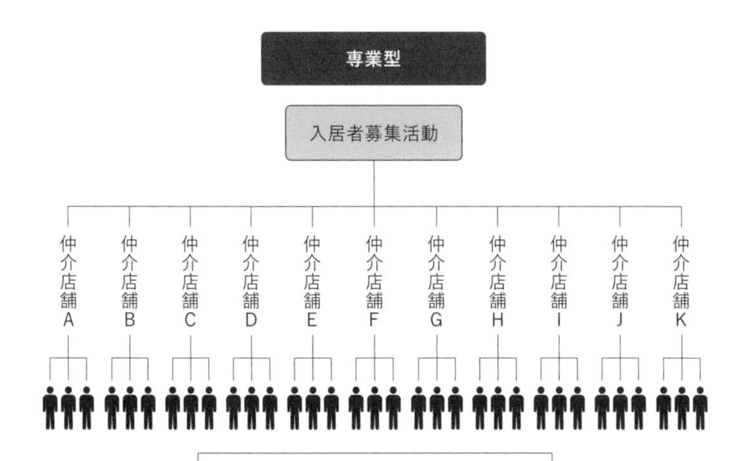

一方、地方は賃貸仲介会社が少なく、一部の混在型管理会社がその地域での高いシェアを握っているため、その混在型管理会社のなかで、優先的に案内してもらうことに注力したほうがよいため専業型は不向きといえます。

また、専業型を選ぶにしても、どこでもよいわけではありません。大事なのは、物件オーナーの資産全体に対して提案・助言をする「アセットマネジメント」の視点を持つ会社にすることです。

というのも、同じ専業でも賃貸管理のみに特化した「プロパティマネジメント」が得意な会社もあれば、それよりも広い視点で取り組む「アセットマネジメント」タイプの会社があるからです。

例えば、老朽化して空室のある保有物件があるとします。収益の最大化を目指すプロパティマネジメント型の管理会社の場合、少しでも早い修繕を勧めて、入居者を決めようとするでしょう。これ自体は、決して間違っていません。

対してアセットマネジメント型の場合、この物件は来年に所有期間が5年を超えるので売却時の税負担が抑えられる長期譲渡所得が適用できることを知っていて、今50万円かけて修繕するよりも年を越してから売却しましょうと提案することがあります。持ち続けるより物件の入れ替えによる減価償却による節税を勧めたり、保険など他の資産運用も提言するはずです。

物件オーナーからすると、収益最大化を追求するプロパティマネジメント型の管理会社は、頼もしいパートナーに違いありません。しかし、さらに一歩進み、資産運用全体をサポートするアセットマネジメント型の管理会社のほうが、オーナーの長期的な人生の目標に寄り添ってくれます。不動産投資は手段であり、目的ではありません。それを理解したうえでタッグを組む、アセットマネジメント型の管理会社を選ぶべきです（当社もアセットマネジメント型の賃貸管理サービスを関東・関西で提供しています）。

満室経営を目指すうえでの4つの基本原則

混在型の管理会社と手を組むにせよ、専業型の管理会社と手を組むにせよ、賃貸経営の成否を分けるのは、入居付けと呼ばれる入居者募集です。実際に行うのは、自主管理でない限りは管理会社側ですが、満室経営を目指すうえでは不動産投資を始める皆さんも基本原則は頭に入れておくべきです。

その基本原則とは、「幅広い周知活動」「賃貸仲介会社との密なリレーション」「適正相場賃料での募集」「清潔感のある部屋づくり」の4つになります。

満室経営のための基本原則① 幅広い周知活動

入居者募集をスムーズに進めるために必要なのは、1社でも多くの賃貸仲介店舗に物件を周知することです。

具体的には、国土交通省の指定を受けている全国4つのエリアの不動産流通機構が運営する「レインズ」や、アットホーム社が提供している「ATBB(アットホームビジネスベース)」への物件情報登録をすることが大切です。登録された物件情報を各賃貸仲介会社が「ライフルホームズ」「SUUMO」といった不動産ポータルサイトに物件情報を転載してくれます。その他、「マイソク」と呼ばれる物件概要をまとめた資料や空室一覧表を定期的にファックスやダイレクトメールで送信したり、直接の訪問や電話などで賃貸仲介会社に情報を伝えます。それによって、賃貸仲介会社を訪れた人のなかから、入居希望者が現れる可能性が高まるのです。

こうした周知活動は、すでに書いたように、構造的に混在型よりも専業型のほうが積極的です。

しかし、専業型の管理会社にこうした幅広い募集活動をしてもらえば十分だというわけではありません。各賃貸仲介会社に物件をきちんと認識してもらい、入居検討者にお勧め物件として紹介してもらわなければならないからです。

賃貸仲介会社には日々数多くの物件情報が流れてきます。情報が届いていることと、きちんと認知されていることは同義ではありません。物件オーナーの皆さんが考えている以上に、物件の認知度は低いものです。

実際に自ら会社をまわって、営業マンにヒアリングしてみると、お勧め物件として紹介してもらうことの難しさがよく分かると思います。満室経営を実現するためには、その物件があるエリア・沿線の賃貸仲介会社に、物件の詳細と現在の空室数をきちんと認知してもらうことが大切です。

満室経営のための基本原則②
賃貸仲介会社との密なリレーション

先に記した①の情報の周知活動を補足する役割となりますが、賃貸仲介会社との密なリレーションを築くこともポイントです。①の周知活動の基本に加えて、専業型の管理業務も行っている当社の事例をお伝えするとイメージしやすいと思います。

当社では名刺管理システムと連動し、過去に当社担当と名刺交換した賃貸仲介営業マンすべてにメールやファックスで情報を提供しています（賃貸仲介の現場では今でもファックスを使っているところも多いのです）。

さらに、仲介会社の営業担当者への直接の訪問が極めて有効であり、当社では最重要視しています。定期的な訪問を継続することにより、きちんとした人間関係を築いています。こうした地道な作業は、管理物件を優先的にすすめてもらうための一因となるのです。

他社においても、同じように訪問活動を重視している管理会社はありますが、当社ほど時間と労力を割いているところはないと自負しています。圧倒的な量と質で賃貸仲介会社への訪問を実施しています。物件のある限られたエリアだけでなく、最寄り駅周辺、至近のターミナル駅やその沿線も含まれます。

デジタルの時代が最盛期をむかえている今だからこそ、こうした地道な訪問活動が実を結ぶと考えています。というのも、この業界は人間関係を重視する世界だからです。管理会社の担当者が賃貸仲介会社と真の信頼関係を築いていれば、自ずとその担当者が扱う物件は優先度が高まると、私は考えています。

レスポンスの速さもこの業界で人間関係を築くうえで特有の評価軸です。ですから、とにかく当社の入居付け担当者はすぐに電話に出られるよう気を配っています。

入居希望者を物件へと案内する賃貸仲介会社の営業マンは、歩合制で給与が決まる人が多いこともあって、瞬発力が試される仕事です。現場にいる彼らは、「あと賃料が2,000円安かったら決めたい」「設備として付いているエアコンさえ古くなければ最高なのに」といった入居希望者の条件交渉や要望を聞く立場にありますが、そうした際、スピード感をもって管理会社に確認が取れるかどうかは、成約率に直結するのです。営業マンの心証をよくするためにも、いつでもすぐに電話に出られるようにしています。

その他、当社内の管理物件業務システムと連動させることで、常に最新の空室状況と募集条件、そして成約時に賃貸仲介会社に支払われる広告料などをスマホやパソコンで逐一確認できるようにしています。

加えて、賃貸仲介に必要なさまざまな書類のひな形をダウンロードが可能で、入居申込みもホームページからダイレクトにできます。スピード感をもって接客中の見込み客をクロージング（成約）まで持っていける便利なツールになっているのです。

つまり、優先的に扱いたくなる管理会社であることを最重要視しているということで、逆にいえばそういった体制をいかにつくるかということが、管理会社だけでなく、物件オーナーにも求められるということです。

具体的にいえば、彼らが望んでいるものを叶えることです。契約手続きがやり易いなども大切なのですが、一番の望みは売上（お金）です。賃貸仲介会社の売上とは、仲介手数料と広告料です。このうち仲介手数料では差別化を図るのは難しいため、キーとなるのは広告料でしょう。

この広告料を多く支払えば、入居付けに有利になります。しかし、多く支払えばいいというものでもありません。費用対効果を考えれば、限度もあります。広告料を1カ月分多く支払うことと、空室が1カ月長期化することでは、どちらが得なのかをきちんと考えなくてはいけません。

通常、入居者が決まった際にオーナーが賃貸仲介会社に支払う広告料は、一部を管理会社が受領します。しかし、なかには当社のように、受け取った広告料の全額を仲介会社に支払う管理会社もあります。これによって、その管理会社の物件の優先度は高まっていきます。

満室経営のための基本原則③
適正相場賃料での募集

大きめの書店に行くと、空室対策や満室経営に関する本がずらりと並んでいる棚を目撃することでしょう。そうした本のなかには、室内のフルリノベーションやデザイン性を重視したリフォームを提唱するものもありますが、不動産投資として考えた場合、これは正しいとはいえません。

物件の見た目をよくし、部屋や設備のグレードを高めても、相場賃料から大きくかけ離れた賃料では、入居者が決まる可能性は限りなく低いからです。

あるエリアで、最寄り駅から徒歩10分の2LDKのマンションであれば、賃料の相場は自ずと決まってきます。例えば、相場賃料10〜15万円だとします。そこでハイスペックな設備を入れたとしても、その高い工事費用の影響で賃料を25万円にせざるを得ないとなれば、それは相場から大きく外れた条件となるため、なかなか入居者は決まらないでしょう。結局、設備を入れたことがそもそも誤りです。

では、適正な相場賃料のレンジを知るためには、どうしたらよいでしょうか。物件オーナーの方が最も簡単で利用しやすいのは、賃貸住宅のポータルサイトをチェックすることです。大まかな相場賃料が把握できます。ただし、インターネットの情報は、物件を貸す側の希望する賃料（募集賃料）であって、入居者が希望する賃料、あるいは入居が決まる賃料ではないことを頭に入れておきましょう。

実際の成約価格の把握が欠かせません。レインズやATBBには成約事例が登録されている場合もありますが、情報が古かったりします。より効果的なのは、賃貸仲介営業マンや管理会社に聞くことです。経験が豊富で、現役で現場を見ている営業マンは生の声を教えてくれますし、管理会社からは賃貸経営のバランスも考慮した意見をくれます。

その際は、適正相場賃料だけでなく、入居者が決定した際のエリア内での平均的な広告料も聞いておくと、よりよいといえるでしょう。

満室経営のための基本原則④
清潔感があって、時代の変化に耐えうる部屋づくり

これまでの3つの原則から、満室経営をするためには、いかにパートナーである管理会社と賃貸仲介会社ならびにその営業マンの存在が大事であるか、よく分かっていただけたでしょう。

とはいえ、物件自体の魅力・競争力も伴わなければなりません。最終的に「ここに住みたい」と決断するのは営業マンでも管理会社でもなく、入居検討者だからです。要は、賃貸物件を探している人の目線も考慮して、部屋づくりをするべきだということです。

そういうと、魅力を高めるために設備や仕様はハイスペックであるほどよいと考えがちですし、建物を建てるアパートビルダーやハウスメーカーとしては少しでも建築費を上げたいという思惑があるので、高い仕様の設備を提案してくるでしょう。

しかし割高の建築費は、より高い収益性を目指す不動産投資家にとって大敵となります。

高い建築費が仇となって返済計画が破綻し、任意売却案件として当社に回ってきた物件は複数あります。そういった物件は、抵当権を見ると概ね分かる融資条件から、初期の段階から収支の厳しい計画であることがうかがえました。

グレードももちろん大切ですが、より大事なのは、清潔感やぱっと見た時の印象です。なぜなら賃貸住宅に住もうと考えている人は、自分で購入するわけではないため、5〜10分程度の内見で物件の良し悪しを見極めようとするからです。

また、時代の変化に耐えうるスタンダードな部屋づくりを実践することも重要です。

例えば、浴槽とトイレが1つにまとまった「3点ユニットバス」。かつては欧米のホテルのような設備として羨望の対象で賃貸住宅の定番設備でしたが、今となると古臭い部屋の代名詞となりました。一方、流行り廃りが早そうなキッチンですが、実はこの10年ほどは質感や資材のスタンダードに変化はほとんど見られません。

何がいいたいかというと、なるべく流行り廃りのあるものは取り入れるべきではないということです。長くスタンダードなものほど、中長期的な賃貸経営に相応しいのです。逆張りで、10人のうち9人が断るけれど、1人からは熱烈に愛されるようなニッチを狙う方法もないことはないですが、それは1棟目から選ぶにはややリスクが大きいといえるかもしれません。

収益物件の室内は見た目が9割

ここでは、投資効率を考えたリフォームとその具体例を示します。
私が考える費用対効果の高いリフォームとは、同じ機能を持っているのであれば、とことん「見た目重視」です。前述したように賃貸住宅を検討する方は、1部屋あたり5〜10分程度の内見で物件の良し悪しを見極めます。となれば、部屋の内装をいかに印象づけられるかがポイントとなります。とはいえ、奇抜すぎてもいけませんし、バランスは大切。ターゲットによっても微調整が必要です。当社の実例を見てみましょう。

本物件のターゲットは、東京都内通勤圏で広めの部屋を希望する車所有の単身者、同棲カップル、生活保護者（2人以上の世帯）です。とにかくシンプルな色合いと、ワンポイント什器で安価に仕上げることを心がけました。

ポイントは、原則、表面だけの施工に留めるということです。壁紙・床材の色は、広さを感じられるように膨張色の白をベースに一面のみアクセントを入れました。床の材料として長期的なメンテナンス・耐久性を考慮し、フロアタイルで施工しています。本物の木材フローリングと見違える仕上がり・高級感が出せ、同じ白ベースでもさまざまな木目調があるのでターゲットに応じて材料を変えることができます。

当社では最近キッチンを交換するケースが増えています。以前は交換だと高額になることから、扉面のみダイノックシートと呼ばれる硬質塩ビ製の模様がプリントされたシートを貼り、化粧直しをするのが主流でしたが、今では当社で新築物件の開発も行っておりキッチンの物量も多いことから自社オリジナルのキッチンをOEMで製造しています。最新機能を持ち、扉面もおしゃれなキッチンを安価で設置することができ、大変喜ばれています。

バスはホテル風にするため、耐水性ダイノックシートに長鏡という、3点ユニットバスでよく採用されているリフォームを行いました。ちなみに、バスも当社の場合は格安で施工できるため、場合によってはユニットバスの総入れ替えも行っています。

また和室から洋室に変更する際には、木枠を白く塗装することが必須です。洋室“風”にならないようにするための工夫で、襖の枠も塗装します。私は仕事柄、さまざまな空室を見ますが、和室から洋室にリフォームしたのになかなか入居が決まらない部屋を見ると、枠塗装などの細かいところで施工が抜けている印象を受けます（さらに天井が和室の木目調のままになっていることもあります）。

こうしてリフォームを行った結果、本物件は募集開始後1週間程度で申込みが入りました。機能面はしっかり満たしつつ表装や見た目重視で施工することで、工事費用を抑えながら入居付けが容易になります。

ここまでリフォーム・住宅設備のポイントを説明してきましたが、これは新築一棟の場合も考え方は同じです。新築もハイグレードであれば、収益性が高くなるわけではありません。例えば、外壁やエントランス、植栽をホテルライクにつくりこんでも賃料にさほど反映しないケースが多いので注意が必要です。やはり、建築の初期費用や維持費用がかかる分、コストパフォーマンスが低下します。新築の場合、見た目はもちろんですが、建物の耐久性や内装など、入居者の方に長く住んでもらうための施工が重要です。ご自身で研究しながら、信頼のおける管理会社・施工会社を探しましょう。

ビフォー　アフター

各種法定点検を実施している管理会社を選ぶ

賃貸アパート・マンションでは、消防設備点検・受水槽清掃点検などの法定点検を数年以上行っていない物件が少なくありません。個人所有による自主管理物件のみならず、管理会社の管理物件や不動産会社所有の物件でも未実施の物件は多い傾向があります。

理由は次の3つにあると考えています。

①法定点検の必要性をそもそも認識していない
②コストがもったいないので点検したくない
③小規模な一般共同住宅に対しては行政の監視が甘いので点検しない
※未実施でも指導が入らないことも多い

①は、自主管理している物件で多い傾向があります。以前、取引した物件は、売主に法定点検の認識がなかったのか、消防設備の不具合について行政から指導が入っていたにもかかわらず、1年以上放置していました。

②が理由で実施しないのはコンプライアンス的に論外ですが、③も未実施の事由に大きく影響しているはずです。監視は多少甘くても、法律で点検は義務化されており、罰則規定も明記されています。

例えば消防法の場合、点検の未実施、または虚偽の報告をした場合は罰金または拘留が科せられます。消防法違反が原因で火災が起こって死傷者が出た場合、法人では最高1億円の罰金を科せられます。平成13年9月に44人の死者を出した東京新宿歌舞伎町ビル火災では、ビル内の避難通路の確保が不十分ということで、ビルオーナーと管理会社に民事・刑事訴訟で執行猶予付きの有罪判決が下っています。

一般住宅においては、アパートであれば消火器の点検程度、マンションであっても自動火災報知器・避難器具の点検で済みます。費用も年間3〜10万円ほどですし、何より所有者としてのコンプライアンスの姿勢が求められます。消防点検・受水槽点検を実施するかしないかをオーナー側にゆだねている管理会社もありますが、当社では各種法定点検は管理を受ける際の条件としています。不動産投資・賃貸経営では利益を求めることが最大の目的ですが、物件所有者としての法的義務を果たしていることが大前提です。

賃料回収は第一印象が大事

不動産投資で、空室とともに問題になりやすいのが滞納です。ひと握りの入居者しか滞納しないと思うでしょうが、当社の管理物件の場合、滞納が常態化はしていないものの、5％ほどの入居者が賃料の振り込みを期日通りしない傾向にあります。ただ、忘れていたという理由がほとんどのため、連絡を入れればすぐ振り込んでもらえます。

一般的には2〜3％ほどの入居者が滞納するといわれており、戸数100戸の大規模マンションの場合、2〜3人の滞納者が常にいることになります。

この滞納問題、実は空室よりも厄介です。税務会計上、入居者と賃貸借契約を締結している時点で売上が立ち、賃料を回収できない場合は未収金に計上されます。未収金とは、商品やサービスを提供し、それに対する対価の支払いを受けていない債権のことです。お金を回収していないにもかかわらず帳簿上は売上となります。

売上になるということは、経費を控除したうえで税が発生するということです。日本には借家人や借地人を保護する目的で作られた借地借家法という法律があるため、実務上立ち退き訴訟をするにしても3カ月以上の滞納実績がなければなりません。訴訟を起こし、強制執行までもつれ込んだ場合、立ち退きが完了するまでに滞納開始から10カ月ほどはかかります。その間、本来は得られるはずだった賃料が回収できないうえ、訴訟費用、強制執行代がそれぞれ30〜40万円は必要になり、1人の滞納者を退去させるために合計100万円近くの費用を負担しなければなりません。

さらに賃料が5万円だとすると、10カ月分の50万円が収入とみなされ、課税されてしまうのです。所得税・住民税率が50%の方の場合、約25万円の納税が必要です。賃料は入らず強制退去にはお金がかかり、さらに税金まで支払わなければならない—。滞納は空室より悪質なのです。

当社が考える賃料回収対策でまず大切なのが第一印象です。収益物件の売買では、賃料が滞納あるいは遅延のまま取引されるケースがしばしばあります。通常、賃料は前払いが基本ですが、当月払いになっている状態を遅延といいます。放置しておくと、本格的な滞納になりやすい予備軍です。

売買の交渉のなかで、滞納・遅延の是正を条件にすることもできますが、現状のまま引き渡すことを条件にする売主もいます。当社が仲介取引で収益物件を売買する際は可能な限り交渉をしますが、売主の意向を買主が了承する場合は滞納・遅延状態のまま取引を進めます。

このような物件を購入した際に大切なことは、滞納者・遅延者に対して「新しい所有者・管理会社は毅然とした対応をする」と印象づけることです。1カ月程度の滞納や遅延であれば、貸主変更通知書の郵送時や架電(電話をかける)時、そして初月の賃料回収時の対応で、ほぼ正常の支払いサイクルに戻すことができます。

一般の入居者は、物件の所有者が変わることに対して不安を覚えます。特に滞納・遅延をしている人にとっては、「最悪の場合、追い出されるのではないか」と考えるはずです。この心理を利用し、所有権が変わってからの1〜2カ月、滞納・遅延には断固たる態度で臨むのです。そうすれば、大部分の滞納は解消できます。第一印象は思っている以上に大切です。

その他、賃料回収の対策として「賃料保証会社への加入」が考えられます。入居条件として賃料保証会社への加入を必須にするのです。そうすれば、仮に滞納が発生しても保証会社に賃料を立て替えてもらうことができます。それでも滞納が続く場合は、保証会社が入居者に対して立ち退き訴訟を起こしますし、その費用もすべて保証会社の負担となるため物件所有者としては安心です。

収益物件をオーナーチェンジで取得した際、賃料保証会社に加入・未加入の入居者が混在することもあります。長く入居している方や、前の管理会社が賃料保証会社加入を条件にしておらず、連帯保証人を付けているケースなどです。このようなケースでは、オーナーが変わったからといって入居者の費用負担で強制的に賃料保証に加入させることは難しいでしょう。当社の取り組みでは、自社内に保証会社の機能を内製化することで督促を強化し、保証会社未加入の方の賃料回収を確実なものにしています。毎月月初に賃料を支払っていない入居者に一斉にショートメールを配信します。それでも数日で入金がない場合は、書面による支払いの督促、および支払い架電を行います。あるいは現地に直接訪問し回収を図るのを2週間以内に行うことです。こういったきめ細やかで迅速な督促が賃料滞納を防ぐのです。

特典や対応の早さで入居者満足度を高める

不動産投資で安定した賃料収入を実現するには、できる限り退去を出さない工夫が求められます。実際に退去が出ると、どの程度の損失が発生するのでしょうか。

例えば、1K 20㎡の物件で6年間住んだ方が退去した場合、原状回復費用は20万円くらい。賃料5万円なら空室3カ月で15万円の損失ですし、広告料が2

カ月分であれば10万円のコストがかかります。トータルの損失は 45万円ですが、賃料9カ月分の損失と言い換えることもできます。退去は出さないに越したことはないのです。

就職や転勤など、入居者都合による退去の防止は難しいですが、物件所有者側・管理会社側に理由があり、入居者が不満に思い退去につながることもあるため、退去抑止策を実施することが重要です。

具体的には、入居者の対応をすぐに行い、不満を抱かせないことです。当社の例でいえば、24 時間 365 日対応のコールセンターによる対応があります。入居者からの要望や緊急を要するトラブルに対して、即日対応できる体制を整えているのです。これにより入居者の満足度が高まり、長期入居をしてもらいやすくなります。

物件オーナー次第ではあるものの、長く入居している入居者の住戸に、モニターフォンを設置するなど、入居者特典を設けることも1つの方法です。入居者にとってはより快適になりますし、物件所有者にとっては自分の物件の価値を高めることにもつながります。

他にも、関東圏や京都では更新料を徴収する習慣がありますが、この更新料があると賃料交渉や退去理由につながりやすくなります。更新料とは、賃貸借契約の期間が満了したあと、更新契約を締結する際に借主から貸主に支払われるお金のことで、これを嫌がり転居する人は少なくありません。

その場合、例えば更新料を徴収するタイミングで入居者特典などを用意すれば、退去の確率を減らせます。更新時の退去率の高さに悩まれている方は参考にしてください。

不動産会社が不動産投資のプロとは限らない

不動産会社の営業担当者から「必ず儲かる新築ワンルームマンションがあるので、投資しませんか」といわれたとします。賢い方であれば「本当に儲かるのなら、当然あなたも購入しているのでしょう？」と問うに違いありません。しかし、担当者のほとんどは新築ワンルームマンションを購入していません。

個人的な話で恐縮ですが、私は週に3、4回はフィットネスジムに通っています。ウエイトトレーニングが趣味ということもありますが、いい仕事をするためには健康でなければならないと考えているのが大きな理由です。ジムにはアルバイトのトレーナーが在籍しており、個別指導を受けることもできますが、私は一度も利用したことがありません。それは、トレーナーの体つきが今ひとつだからです。そのようなトレーナーからベンチプレスの指導を受けても説得力がまるでなく、効果は期待できないでしょう。トレーナー自身が体を鍛え上げ、実体験を語れるようでなければ机上の空論でしかないのです（ジムによってはマッチョなトレーナーもいるとは思いますが）。

ダイエットや美容の体験談など、世の中には似たような話が多くありますが、不動産投資や賃貸経営も同様だと考えています。

不動産会社およびその各営業担当者は不動産に関してあらゆる知識を有しているため、不動産投資や賃貸経営に長けている印象を持つかもしれません。あるいは宅地建物取引士（以下、宅建士）の資格があれば、不動産に関して一定の知識は持っていると思われます。

では、不動産のプロである不動産会社や宅建士は不動産“投資”のプロでしょうか。答えは「否」です。不動産投資のノウハウと不動産会社に求められる知識は、全く別ものだからです。不動産取引としての重要事項説明項目の調査や各種権利関係調査などは、どの宅建士でも実務経験があれば一定のレベルで対応できます。しかし、不動産投資に必要な知識レベルには差が出てきます。物件を購入すべきかどうかの投資判断、賃貸マーケットの見極め、運用中の支出想定などは、宅建士だからといって全員が長けているわけではないのです。

宅建士は不動産取引のプロではありますが、不動産投資のプロとは必ずしもいえません。やはりその担当者や会社が実際に不動産投資を行っているかどうかが1つの目安です。多くの不動産業界関係者は不動産投資の経験を有していません。収益物件を専門に扱う不動産会社であってもです。実体験が伴っていなければ、机上の空論と同じで、投資家目線で物事を見ることができません。

例えば、コスト感覚について。収益物件は、保有期間中にさまざまなコストがかかります。固都税や管理手数料などの他、排水管洗浄の実施期間、一定規模の共同住宅は特殊建築物扱いとなり別途法定点検が必要になるなど、実際に運用していなければ分からないことも多くあります。

こうしたコスト感覚がないと「表面利回りが高いのでお勧めですよ」という話になりますが、実際には表面利回りには意味がなく、運営費用などを引いた総収益率が大切なことはすでに述べた通りです。身銭を切って不動産投資・賃貸経営を行っていると、運用中のコストが経験として分かり、投資家の考えや思いが理解できるのです。

その他、賃貸経営での確定申告・決算の実体験があるとないでは、賃貸経営における税金の重さの理解度に大きな差が生じます。私自身、収益物件を活用した資産運用コンサルティング会社を立ち上げたのは、実際に投資をした結果、うまく物件を取得して運用し、税金を含めたトータルマネジメントによって資産を築いた体験があったからです。少しでも多くの方に、私と同じように不動産投資で成功し、経済的安定を得ていただきたいと考えました。

不動産投資の成功のポイントは、よきパートナーに巡り合えるか否かにかかっています。パートナー選びの際には、候補の会社・担当者の不動産投資の経験を確認することが大切です。

「売って終わり」の会社からは絶対に買わない

他の不動産会社で購入した収益物件を管理してほしい、と依頼を受けることがあります。しかし、すべての相談物件の管理を受託しているかといえば、そうではなく、一部はお断りしています。理由は入居付けや管理運営の面などで、私たちではお役に立てないと判断するからです。具体的にはエリア選定や物件選定といった初期設定を決定的に間違い、どう手を尽くしても入居付けが厳しい物件などです。

なぜそういう物件を買ってしまったのか―。収益物件の売買のみを行う不動産会社は、基本的に物件を販売したあとの管理運営を自社で行いません。取引のある管理会社の紹介はしますが、極論をいえば販売した物件がその後、収益を生み出そうが赤字を出そうが関係ないのです。

また、そのような会社の給料体系の多くは歩合給です。フルコミッション（完全歩合給）の会社も多いため、担当者は自分の給料を稼ぐために不利な条件の物件でも言葉巧みに売るというインセンティブが働いてしまいます。

一方、売買だけでなく販売後の入居者募集や物件管理も行う不動産会社の場合、ダメな物件（＝購入後の賃貸経営が難しい物件）を勧める可能性は低くなります。入居者募集で苦労するなど、自社で自社の首を絞めることにもなるからです。

不動産会社にとって入居者募集や物件管理は、細かく手間と労力のかかる仕事です。そして売買と比べると利益が少ないという特徴もあります。売買に特化すれば、その苦労がないわけですから楽なのです。

不動産投資家の立場でいえば、不動産会社から紹介された物件を購入したあとは、紹介した会社が責任を持って賃貸経営のフォローをしてくれることが理想です。

さらに、賃貸管理を本気で行っているかも確認する必要があります。会社によっては、購入後の賃貸管理を行うとはいっているものの、実態は業務を丸ごと地場の管理会社に丸投げして管理手数料のサヤを抜くだけの会社もあるため、管理内容の詳細、外注業務の内訳などを確認するのです。管理業務を何人で行っているかなども確認するといいでしょう。

信頼できる不動産会社（パートナー）の選び方

何度もお伝えしてきましたが、不動産投資は物件を購入して終わりではなく、その後の管理運営もしっかりと行ってこそ利益を最大化できます。不動産投資で最も大切なのは高利回りの物件を取得することではなく、賃貸経営のよきパートナーを見つけることなのです。

では信頼できる不動産会社をどうやって選べばいいのか。本項でそのポイントを図表の項目に沿って説明します。

図表55　不動産会社選びのチェックポイント

- ☑ 収益物件の売買取引を頻繁に行っているか（毎月取引しているか）
- ☑ 物件の詳細を理解しているか（売却理由、レントロールの妥当性、大規模修繕履歴、入居者属性）
- ☑ 物件周辺の土地勘があるか
- ☑ 物件周辺の賃貸事情を把握しているか
- ☑ 融資の知識が豊富で、金融機関の紹介をしてくれるか
- ☑ 購入後の賃貸管理についてのサポートがあるか
  ※売買した会社が賃貸管理を請け負うのが理想
- ☑ 不動産会社（または営業担当者）が収益物件を持っているか、また、賃貸経営で一定の成果を出しているか
- ☑ 税務知識が豊富か
- ☑ 不動産ポートフォリオ、出口戦略まで含めたうえで、物件を紹介しているか

◉収益物件の売買取引を頻繁に行っているか

近年でこそ収益物件を扱う不動産会社は増えましたが、不動産投資や賃貸経営に関する知識が浅い会社が多いなど、玉石混交な状態です。宅地建物取引業者であれば法律上はどのような物件でも取引できますが、収益物件を扱う専門知識がないために一般投資家が不利益を被るケースが少なくありません。

収益物件の取引実績が少ない不動産会社は、売買契約書の特約を確認すればおおむね見抜くことができます。収益物件の売買契約書には売主・買主の権利関係を整理するためにさまざまな特約を入れる必要がありますが、契約書にその対応がなされていない場合は収益物件の知識が少ないと見て間違いありません。取引経験が乏しい場合、買主に不利益な内容の契約書となっている場合もあるため注意が必要です。

◉物件の詳細を理解しているか

売却理由やレントロールの妥当性、大規模修繕履歴、入居者属性など、物件の詳細を理解しないまま顧客に紹介する会社もいます。投資家の立場では、本書で紹介したチェック項目など不明な点をできる限り詳細に不動産会社へ確認してください。

不動産投資は事前にリスクをコントロールできると解説しましたが、そのためには情報開示が大前提です。そういった意味では、物件を検討する際に開示されるべき情報が明らかにならず、購入後に顕在化することは最大リスクと言い換えることができます。

不利な情報が事前に分かれば、購入を見送ったり解決するための金額交渉をしたりと、何らかの対策は可能です。しかし事前に情報が開示されず、所有権移転後に何らかのリスク事項が発覚した場合、売主側に是正措置の対応を求めたり最終的には法的手段に出たりと、賃貸経営をスムーズに運ぶことはできません。

当社が経験した実例では、ある不動産会社の仲介で物件購入後、わずか1カ月で立て続けに3室の退去が発生したケースがありました。レントロールを確認すると、その退去者は直近1年以内に入居していました。真相は分かりませんが、前の所有者（不動産会社）が知り合いに頼んで一時的にその物件に入居してもらい満室物件として、所有権移転後に一斉に退去させた可能性も考えられます。レントロールの詳細（ここでは入居時期や賃貸借契約書の内容など）を確認することで、不自然な点がないか確認をすることはできたはずでした。

宅建業法で定められた項目を調査し説明すれば、不動産取引上は売主や仲介会社は義務を果たしていることになりますので、収益物件固有の情報に関しては投資家自らが情報請求する姿勢が求められます。開示されるべき情報を適切に聞き出し、投資判断、条件交渉をすることでリスクを回避できる確率が高まります。

◉物件周辺の土地勘があるか

近年は、日本全国で融資が受けられる金融機関ができたこともあり、広域で物件を購入できる機会が増えました。首都圏在住の方が、東京の不動産会社の紹介で大阪の物件を購入するようなケースです。ここでの注意点は、投資家の方やその不動産会社に当該物件周辺の土地勘があるかどうかです。

不動産は、道1つ隔てるだけで地位（土地・地域のランク）が大きく変わることや、賃貸住宅の需給バランス・賃料相場が全く異なることがあります。そのため、地元の不動産会社や投資家では絶対に手を出さないようなエリアの物件でも、土地勘のない不動産会社が利回りだけをウリに土地勘のない投資家に販売することが往々にあるのです。そして購入後の入居付けに苦労した時にはじめて購入してはいけないエリアであった、高値掴みしてしまったと気づくハメになります。不動産会社の土地勘の有無はかなり重要な要素です。

◉物件周辺の賃貸事情を把握しているか

物件周辺の賃貸事情を把握するには、その地域で事業を展開しているだけでは不十分です。物件の売買だけでなく賃貸管理業務（入居者募集や既存入居者管理）も行っていなければ、本当の相場は分かりません。

賃貸管理をしていない売買専業会社の場合、インターネットで確認して平均賃料を割り出し、表面利回りを想定するケースがあります。しかしポータルサイトに載っているのは募集賃料ですから、実際に成約する賃料は下がります。

エリアによっては、広告料を4カ月以上見ておかなければ入居付けが難しい場所もあります。その場合、1戸あたりの入居付けのコストが上がり、表面利回りは同じでも最終的な手残りが少なくなります。利回りだけではなく賃貸経営の側面も含めて投資判断することが大切であり、そのためには地域に根付いて賃貸管理業を行っているかを確認することが必要です。あるいは、その地域の有力で信頼のおける賃貸管理会社を見つけられているかがポイントです。

◉融資の知識が豊富で、金融機関の紹介をしてくれるか

第5章で説明しましたが、不動産投資は融資がすべてです。よって融資の知識が豊富な不動産会社かそうでないかで、不動産投資の成否が大きく左右されると思ってください。

融資に強い不動産会社の場合、会社員向けや中小企業経営者向けなど、それぞれの投資家の属性に合った金融機関のつながりを持っているものです。投資家にとっては、自分の属性に応じた金融機関を紹介してくれるかどうか、取引銀行が何行あるか、不動産会社に詳しく確認されるとよいでしょう。

投資規模を拡大していくためには、複数の地元金融機関から継続的に融資を受け続けられるかが大きなポイントです。その意味で、特に地方銀行や信用金庫、信用組合との取引があるか、融資付けのサポートが受けられるかどうかも確かめてください。

金融機関は不動産会社の紹介で訪問するのが鉄則です。一般投資家が紹介なく金融機関に足を運んでも評価は厳しくなるばかりです。金融機関とつながりの深い不動産会社を通せば、「あの会社の紹介の方なら安心」と見なされ、

好条件で融資が下りる可能性が高まります。

◉購入後の賃貸管理についてのサポートがあるか

売買専業の不動産会社は基本的に販売による仲介手数料で売上が立つため、極端な話、販売後の投資成果がどうなろうと興味がありません。よって購入後の賃貸管理のサポートについて、必ず不動産会社に確認してください。理想は売買した会社がその後の賃貸管理も請け負うパターンです。売買後の管理が前提であれば、管理運営に苦労する物件を投資家に紹介できなくなるものです。

近年は売買専業であった会社が賃貸管理も行いますが、実態は力を入れていないばかりか他社に丸投げというケースも見られます。地域に根差して事業を行っているのか、管理戸数と管理専属の社員が何名いるかなどを確認するようにしてください。

◉不動産会社（または営業担当者）が収益物件を持っているか、また、賃貸経営で一定の成果を出しているか

本章で詳述した通りです。不動産の売買をしている担当者のなかで、実際に収益物件を個人で所有している人は極めて少数です。自分で不動産投資の経験がない人に、投資家と同じ目線で物件の購入から運用までのアドバイスはできません。

◉税務知識が豊富か

実務は税理士にお任せしますが、収益物件を専門に取り扱う不動産会社として知っておくべき税務知識はたくさんあります。その知識に基づいて税務上有利になるよう購入物件の初期設定を行うからです。

管理運営時でも税務知識が必要になります。一例を挙げれば、修繕費について一括損金で計上できるようなリフォーム内容を考えるなどです。不動産投資は購入時だけでなく、購入後の運用時も税金との戦いです。賃貸経営の一番のコストは税金だからこそ、不動産会社には税務知識が求められます。

賃貸経営税務に強い税理士とつながりがあるか、紹介は可能かどうかも確認事項です。

◉不動産ポートフォリオ、出口戦略まで含めたうえで、物件を紹介しているか

繰り返しになりますが、収益物件は1棟買って終わりではなく、2棟、3棟と買い増して組み合わせ、目標の投資規模やキャッシュフローへの到達を目指すというのが私の推奨する考えです。

よって、不動産会社は紹介する物件が不動産ポートフォリオ上どの位置づけなのか、既存の保有物件との関連のなかでどういう働きをするのか、あるいは長期保有するのか、値上がり次第では売却するのか……など、投資家の属性や希望、将来ビジョンなどを踏まえたうえでの戦略を持っていなければなりません。

不動産投資家と同じ目線で不動産ポートフォリオ、出口戦略まで含めた提案ができるかどうか、資産管理（アセットマネジメント）の視点で提案できるかどうか、不動産会社の力量が問われるポイントです。

【コラム③】

知っておくべき民法改正のポイント

改正民法が2020年4月1日より施行されました。今回は約120年前にできた旧民法からの改正ということで、一番身近な法律の改正は私たちの生活にも、さまざまな影響を与えます。不動産を取り扱う当社としては、不動産売買時、不動産賃貸借時で従来とは異なった対応が求められようになりました。

賃貸経営実務のうえでの押さえておくべき大きなポイントは、次の3点です。

ポイント①　敷金返還義務の定義化

旧民法で特に定めはありませんでしたが、現状に即した形で運用は変わっており、原状回復のガイドラインを国交省が出したり、東京都は東京ルールを制定して運用してきました。それが民法にも具体的に明文化された格好です。

通常、入居契約時に預けた敷金は賃貸借契約が終了した時に返還されます。この際に、「部屋が汚れた」といった理由で返還する敷金を減額したり、「敷金では相殺できない」といった理由で、プラス分を請求する事例があり、トラブルになっていました。それが今回の改正では、住んでいる間に日常の生活で汚損する場合は入居者に責任を問えなくなり、全額が所有者の負担になりました。

退去時に入居者が払っていない債務があると相殺できますが、基本的には敷金は全額入居者に返すのが民法上も明文化されたわけです。管理会社や物件所有者の独自ルールでやってきたことは認められなくなったので注意が必要です。

ポイント②　連帯保証人の保証極度額を明記（個人）

連帯保証人の保証極度額を明記する決まりにもなりました。

実務上、賃貸借契約締結の際には、賃貸借契約書と保証契約書が兼ねた書面に賃借人と連帯保証人がそれぞれ記名捺印する形となっていますが、その時に連帯保証人に対してどれくらいの金額を保証するのかというのは、特に書かれておらず、問われてもいませんでした。よって、例えば賃料を何カ月も滞納したり、部屋を大きく汚損させてしまった入居者が債務を履行できない場合は、連帯保証人に対して、「これだけ支払ってください」と言っていたわけです。

ところが今回の法改正では、その金額を具体的に明記して、それを理解したうえで保証契約を締結させなさいというルールになっています。

注意点は大きく2つあります。1つは、極度額の定めをしないで保証契約を締結すると保証契約自体が無効になることです。もし入居者に滞納などがあった場合、連帯保証人に請求できないという事態になりかねません。

もう1つは、極度額が極端に高すぎる場合です。賃料100カ月分など、社会通念上考えてあまりにも過大な保証契約である場合は、無効を主張されると弱い立場になります。一般的な範囲内で極度額を設定しないといけなくなりました。法律で賃料何カ月分という決まりはなく、これまでの判例や実務上このくらいというのを参考に、管理会社や自主管理であれば物件所有者が決めることになります。

ポイント③　設備故障時の賃料減額

旧民法では雨漏りやエアコン故障などで部屋の一部が使えない場合は、「賃料を減額することができる」という内容でした。具体的にどれくらいの金額を減額できるかは、物件所有者との交渉次第で決まっていました。それを消費者保護の流れから、明確に減額されるようになったのです。

賃料6万円の部屋なら、入居時にエアコンなどが設備としてついていたら、エアコンが使えてこの賃料という設定です。エアコンが使えないということは、賃料が6万円から減額されることになります。その時は入居者から請求されなくても、元通りに戻るまでの期間は当然に賃料が減額されるので、あとから「減額できたじゃないですか」といわれた場合は、時効の範囲内ならその分は返金しないといけないことになります。これに関しても「エアコンが壊れたら〇円」などあらかじめルールを決めておくことが望ましいでしょう。

以上が改正民法のなかで、賃貸経営に関する大きな部分です。すでに施行されていますが、すでに物件をお持ちの方、これから物件を購入する方もしっかり押さえておきましょう。

第7章

事例でよく分かる成功法則

1棟から始めて、複数棟で着実に資産運用する方法

本章では、収益物件の活用により、安定収入の確保、節税といった悩みを解決した4人の当社顧客の事例を紹介します。いずれも、実際に当社へご相談にいらっしゃったお客様で、皆さんとても満足いただいております。

※お客様のプライバシーを考慮して、事例は多少加工しています。ご了承ください。

事例① 老後資金確保をしたい会社員の方

A様（50歳）

家族構成	妻、子1人
お住まい	愛知県
職業	メーカー勤務
年収	1,000万円
金融資産	4,000万円

A様はメーカー勤務の会社員で、奥様と大学受験を控えたお子様の3人家族。お子様の教育費はまだかかりますが、ご自身もあと10年で定年退職を迎えます。「老後資金を確保したい」というのが不動産投資の目的でした。実際、当社でも会社員の方で最も多い相談の内容です。

これまでも株式や投資信託の経験があり、アベノミクスの恩恵を受けることができたようです。その結果、4,000万円の金融資産を持つことができました。ところが、これだけでは老後不安を拭い去ることはできず、今から安定収入を得られる仕組みをつくっておきたいわけです。

色々調べていくなかで長期的な安定収益源の構築には不動産投資・賃貸経営が最適との考えに至るようになりました。セミナーなどに参加し、その過程のなかで中古区分ワンルームマンションを3戸購入されました。しかし、キャッシュフローはとても薄く、こんなのでは将来の老後資金には成り得ないと痛感し、リカバリーされようと模索されてました。

当社を知ったきっかけは、YouTubeとTwitterでした。もともと不動産投資はそのイメージの胡散臭さから敬遠されていましたが、YouTubeでは具体的な事例で大変分かりやすく不動産投資（経営）のイロハを紹介しており、リスクは当然あるがそれは不動産投資も株式投資も変わらない。むしろ銀行借入でレバレッジをかけられる分、有利なのではと思うようになり、早速プライベート相談への申込みをいただき、ご面談することになりました。

50歳で年収1,000万円と会社員として十分な年収を得ており、現預金で4,000万円の資産があれば、退職金も加えると老後は心配なさそうです。ですが聞くところによると、「年金を受け取りながら資産を食いつぶすよりも、お金がお金を生む状態にしておきたい」とのこと。当社ではご相談時に今後のライフプランなどをヒアリングし、「お金に置き換えると、年間どれくらいあると安心ですか」ということを必ずお聞きします。すると、「年に2回は海外旅行に行きたい」といった具体的なご要望があり、そこから定量的な目標にもっていきます。

A様の場合は、年間キャッシュフロー500万円が目標となりました。

目標が決まりましたが、先に購入していた中古区分ワンルームマンションが融資戦略上の足かせとなっていました。融資を受けて一棟物件を購入していくうえでキャッシュフローを生み出さない債務が負担になるのです。そこで当社でその3つの区分マンションの売却のお手伝いをさせていただきました。当社の顧客に紹介するわけにもいかないので、レインズ・その他会社間紹介にて、収支トントンで売却することができました。リセットしてからのリスタートです。

A様には高年収の会社員の属性を利用し、はじめからオーダーメイド型プロパーローンにて1億円前後の物件購入からご提案しました。キャッシュフローを目的とした新築と中古の木造物件をバランスよく持つことを提案したのです。1棟目は個人名義にて、2棟目は新たに設立した資産管理法人名義での購入となりました。

その概要は次の通りです。

1棟目：新築木造物件Z-MAIZON

【物件概要】

構造	木造
築年数	新築
物件金額	1億2,000万円 （土地4,800万円　建物7,200万円 ※うち建物付属設備1,450万円）
購入諸費用	500万円 （土地建物割合に応じて按分、土地5,000万円、 建物7,500万円〔うち建物付属設備1,510万円〕）
年間満室想定賃料	900万円（表面利回り7.5%）
NOI	680万円（FCR5.44%）

【資金計画】

自己資金	1,000万円
借入金額	1億1,500万円（地方銀行、金利1.5%、 返済期間30年、元利均等返済）
元利返済額	476.3万円（ローン定数K4.14%）

【税引前キャッシュフロー】

税引前CF＝NOI 680万円－元利返済額476.3万円＝203.7万円

【納税金額】

NOI	680万円
支払利息	170.4万円
減価償却費	376.7万円
課税所得	132.9万円
納税金額	39.9万円

【税引後キャッシュフロー】

税引後CF＝税引前CF203.7万円－納税金額39.9万円＝163.8万円

2棟目：中古リノベーション物件Z-RENOVE

【物件概要】

構造	RC造
築年数	25年
減価償却期間	27年
物件金額	1億5,000万円（土地4,500万円、建物1億500万円）
購入諸費用	700万円（土地建物割合に応じて按分、土地4,710万円、建物1億990万円）
年間満室想定賃料	1,200万円（表面利回り8.0%）
NOI	880万円（FCR5.60%）

【資金計画】

自己資金	1,200万円
借入金額	1億4,500万円（地方銀行、金利1.0%、返済期間25年、元利均等返済）
元利返済額	655.8万円（ローン定数K4.52%）

【税引前キャッシュフロー】

税引前CF＝NOI 880万円－元利返済額 655.8万円＝224.2万円

【納税金額】

NOI	880万円
支払利息	142.6万円
減価償却費	417万円
課税所得	320.4万円
納税金額	64万円

【税引後キャッシュフロー】

税引後CF＝税引前CF224.2万円－納税金額64万円＝160.2万円

A様は2物件合計で、年間の税引前CFは約428万円と、目標に近い金額に届きました。しかし特別な節税対策を行っていないため、税引後CFは324万円となっています。今後は、目標である年間CF500万円に向けて、3棟目の物件購入を進めているところで、タックスマネジメントも同時に行うことで、税引後CFで500万円を実現しようとしています。この2棟で現金は一時的に減りましたが、物件から生み出されるキャッシュフローで資産がお金を産む仕組みをつくれたので、数年の運用で元の現預金水準は回復できます。

事例② 高年収外資金融マンの節税

B様（42歳）

家族構成	妻、子2人
お住まい	東京都
職業	外資系金融機関
年収	3,800万円
金融資産	8,000万円

外資系の金融機関に勤める方から、不動産を使った節税をしたいというご相談もたくさんあります。B様が、まさにそうでした。42歳で年収は3,800万円、金融資産8,000万円ですが、それに伴い税負担が重たくなりました。「このままでは資産が増えにくい」と思い、節税に興味を持つようになりました。外資系企業は先行きも不透明で、自分に何かあった時のための2つ目の収入の柱を作っておきたい気持ちもあったそうです。

そうしたなか不動産投資が気になり色々と調べていくうちに、私のブログにアクセスしていただいたのをきっかけに、面談に至りました。

B様には高い属性を活かし、パッケージ型アパートローンおよびオーダーメイド型プロパーローンの両方で、築年数が経過した物件でも長期融資ができる金融機関を利用し、木造・軽量鉄骨造で1年あたりの減価償却費が多く取れる物件を購入していくことを提案しました。将来の出口のとりやすさから1億円以下の物件をセレクトしていて、概要は次の通りです。

1棟目：中古リノベーション物件Z-RENOVE

【物件概要】

構造	軽量鉄骨造
築年数	築28年
減価償却期間	5年
物件金額	6,000万円（土地1,800万円、建物4,200万円）
購入諸費用	300万円（土地建物割合に応じて按分、土地1,890万円、建物4,410万円）
年間満室想定賃料	540万円（表面利回り9.0%）
NOI	430万円（FCR6.82%）

【資金計画】

自己資金　300万円
借入金額　6,000万円(地方銀行、金利3.3%、返済期間30年、元利均等返済)
元利返済額　315.3万円（ローン定数K5.25%）

【税引前キャッシュフロー】

税引前CF=NOI 430万円－元利返済額315.3万円=114.7万円

【納税金額】

NOI　430万円
支払利息　196.2万円（うち土地分52万円）
減価償却費　882万円
課税所得　－648.2万円
　土地利息反映後　－596.2万円
税金還付　298.1万円

【税引後キャッシュフロー】

税引後CF=税引前CF 114.7万円＋税金還付298.1万円＝412.8万円

2棟目：節税特化型物件Z-SAVE

【物件概要】

構造　木造
築年数　築25年
減価償却期間　4年
物件金額　7,000万円（土地2,100万円、建物4,900万円）
購入諸費用　400万円（土地建物割合に応じて按分、土地2,220万円、建物5,180万円）

年間満室想定賃料　600万円（表面利回り8.57%）
NOI　420万円（FCR5.67%）

【資金計画】

自己資金　800万円
借入金額　6,600万円（地方銀行、金利2.45%、返済期間30年、元利均等返済）
元利返済額　310.9万円（ローン定数K4.71%）

【税引前キャッシュフロー】

税引前CF=NOI 420万円－元利返済額310.9万円=109.1万円

【納税金額】

NOI　420万円
支払利息　160万円（うち土地分34.5万円）
減価償却費　1,295万円
課税所得　－1,035万円
　土地利息反映後　－1,000.5万円
税金還付　500.2万円

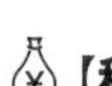

【税引後キャッシュフロー】

税引後CF=税引前CF109.1万円＋税金還付500.2万円＝609.3万円

2棟合計での税引後CFは1,000万円を超えます。

各物件で減価償却費を計上し不動産所得をマイナスし、給与・事業所得と損益通算することで課税所得を大幅に減らすことに成功。かつ、物件からのキャッシュフローと合わせて税引後CFも潤沢に手にすることができています。税金の悩みがなくなったからか、仕事は好調だそうです。

B様は自身でも投資信託などを運用しているので、節税によって得られた現預金をペーパーアセットへ再投資もされています。収益物件がお金を産み、そのお金をさらにお金を生み出す投資先で運用する、という二重の資産運用を実践されており非常に効果的です。今後は長期譲渡のタイミングで資産を入れ替えながら、節税を継続して手持ちの現金を増やし、いずれは大型の鉄筋コンクリート造のマンションを購入するのが目標です。本業に何かあっても賃料収入で暮らせる状態に1日でも早くしたいとおっしゃられています。

事例③ 医師の本業以外の収入確保

C様（42歳）

家族構成	妻、子2人
お住まい	神奈川県
職業	勤務医⇒開業医
個人年収	3,000万円（勤務医時代）
金融資産	5,000万円（同上）

現在は開業医のC様は、前職の勤務医だった5年前にご相談いただいたお客様です。当時は大病院で働きながら週末はクリニックなどでアルバイトをしていて、年収は3,000万円。「給料が増えた」と喜んでいましたが、それとは対照的に税額が急速に増えていくことに、複雑な心境を覚えていました。

そこで効率的な節税、そして将来の独立開業に備えた安定収入の両立を考えたC様は、情報収集を始めます。最初は区分マンション投資を知りましたが、節税できる期間や規模、キャッシュフローに対して違和感があり、他の手段はないか探したところ、私の書籍にたどり着きました。

そこにあった、中古一棟物件で減価償却を利用しながら節税し、さらに融資期間を長くとることで毎月のキャッシュフローを得ていくという、本書でも取り上げた内容に強く感銘を受け、お問い合わせをいただきました。ただし、先述の内容を達成できるような優良物件は数が少なく、当社からは、「紹介できるまでには日数がかかります」とお返事をさせていただきました。すぐに物件を紹介してもらえないことは残念ですが、「優良物件しか紹介しない」という強いポリシーに、むしろ感心したそうです。

提案は、まずは重い税負担を軽減するべく減価償却狙いの節税物件を購入し、別途独立に向けての安定収益源確保になる大きめの物件を購入するという内容です。C様には少しお待ちいただきましたが、その後に優良物件が2棟見つかり、ご購入いただきました。1棟目は個人名義にて、2棟目は資産管理法人名義としました。概要は次の通りです。

 1棟目　中古一棟リノベーション物件Z-RENOVE

【物件概要】

構造	軽量鉄骨造
築年数	築30年
減価償却期間	5年
物件金額	8,000万円（土地2,400万円、建物5,600万円）
購入諸費用	400万円（土地建物割合に応じて按分、土地2,520万円、建物5,880万円）
年間満室想定賃料	720万円（表面利回り9.00%）
NOI	562万円（FCR6.69%）

 **【資金計画】**

自己資金	800万円
借入金額	7,600万円（信販系金融機関、金利3.0%、返済期間25年、元利均等返済）
元利返済額	432.5万円（ローン定数K5.69%）

 【税引前キャッシュフロー】

税引前CF＝NOI 562万円－元利返済額432.5万円＝129.5万円

 【納税金額】

NOI	562万円
支払利息	225.2万円（うち土地分51.0万円）
減価償却費	1,176万円
課税所得	－839.2万円
土地利息反映後	－788.2万円
税金還付	394.1万円

 【税引後キャッシュフロー】

税引後CF＝税引前CF 129.5万円＋税金還付394.1万円＝523.6万円

2棟目　中古一棟リノベーション物件Z-RENOVE

【物件概要】

構造	RC造
築年数	築25年
減価償却期間	27年
物件金額	2億8,000万円（土地1億1,200万円、建物1億6,800万円）
購入諸費用	1,000万円（土地建物割合に応じて按分、土地1億1,600万円、建物1億7,400万円）
年間満室想定賃料	2,300万円（表面利回り8.21%）
NOI	1,700万円（FCR5.86%）

 【資金計画】

自己資金	2,000万円
借入金額	2億7,000万円（地方銀行、金利1.0%、返済期間28年、

元利均等返済）

元利返済額　1,106万円（ローン定数K4.1%）

【税引前キャッシュフロー】

税引前CF＝NOI 1,700万円－元利返済額1,106万円＝594万円

【納税金額】

NOI	1,700万円
支払利息	266.2万円
減価償却費	661.2万円
課税所得	772.6万円
納税金額	193.2万円

【税引後キャッシュフロー】

税引後CF＝税引前CF594万円－納税金額193.2万円＝400.8万円

1棟目で不動産所得を大きくマイナスにすることで所得圧縮・節税が実現でき、2棟目で独立開業を見据えての安定収益構築を実現できました。

本業以外に安定収入源があることで、資産は順調に増え、3年後には晴れて独立をすることに。今はクリニック経営も順調です。ただし、人生のリスクヘッジという点で不動産投資の規模も拡大したいと考えています。

事例④ 中小企業経営者の本業以外の収益確保

D様(38歳)

家族構成	独身
お住まい	大阪府
職業	経営者
年収	1,000万円
金融資産	2億円

D様は父親が創業した機械関係の会社を事業承継した2代目社長です。事業の業容は安定しているものの、今後大きく伸びる展望は描きにくいとD様ご自身は考えており、長期的な経営に不安がありました。そこで、今持っている資産を使い不動産賃貸業に参入することで収益の多角化を図りたい考えです。

以前から株式投資などはしていましたが、相場は必ず上下するので、資産は右肩上がりで増えません。そこで、他の投資に目を向けたところ当社のホームページを知り、一度話を聞いてみようと思われました。

当社からの提案は、新築アパートや中古の鉄筋コンクリート造マンションなどを組み入れて、中長期的にキャッシュフローが出る物件をオーダーメイド型プロパーローンで購入。手持ちの現金を厚くしておきたいというご希望もあり、法人での節税も提案しました。これらを踏まえて購入いただいたのが、次の4棟の物件です(税率はすべて33%)。

1棟目　新築木造物件Z-MAIZON

【物件概要】

構造	木造
築年数	新築
減価償却期間	22年
物件金額	1億1,600万円（土地4,640万円、建物6,960万円）
購入諸費用	500万円（土地建物割合に応じて按分、 土地4,840万円、建物7,260万円）
年間満室想定賃料	860万円（表面利回り7.41%）
NOI	660万円（FCR5.45%）

【資金計画】

自己資金	1,100万円
借入金額	1億1,000万円（地方銀行、金利0.8%、返済期間35年、 元利均等返済）
元利返済額	360.4万円（ローン定数K3.28%）

【税引前キャッシュフロー】

税引前CF=NOI 660万円－元利返済額360.4万円=299.6万円

【納税金額】

NOI	660万円
支払利息	87万円
減価償却費	334万円
課税所得	239万円
納税金額	78.9万円

【税引後キャッシュフロー】

税引後CF＝税引前CF299.6万円－税金78.9万円＝220.7万円

2棟目　新築木造物件Z-MAIZON

【物件概要】

構造	木造
築年数	新築
減価償却期間	22年
物件金額	1億2,000万円（土地4,800万円、建物7,200万円）
購入諸費用	500万円（土地建物割合に応じて按分、 土地5,000万円、建物7,500万円）
年間満室想定賃料	920万円（表面利回り7.67%）
NOI	700万円（FCR5.60%）

【資金計画】

自己資金	1,000万円
借入金額	1億1,500万円（地方銀行、金利0.875%、 返済期間35年、元利均等返済）
元利返済額	381.6万円（ローン定数K3.32%）

【税引前キャッシュフロー】

税引前CF=NOI 700万円－元利返済額381.6万円=318.4万円

【納税金額】

NOI	700万円
支払利息	99.5万円
減価償却費	345万円
課税所得	255.5万円

納税金額　　　84.3万円

【税引後キャッシュフロー】

税引後CF＝税引前CF318.4万円－税金84.3万円＝234.1万円

3棟目　中古リノベーション物件Z-RENOVE

【物件概要】

構造	RC造
築年数	27年
減価償却期間	25年
物件金額	2億4,000万円（土地7,200万円、建物1億6,800万円）
購入諸費用	900万円（土地建物割合に応じて按分、土地7,470万円、建物1億7,430万円）
年間満室想定賃料	1,950万円（表面利回り8.13%）
NOI	1,460万円（FCR5.86%）

【資金計画】

自己資金	3,000万円
借入金額	2億1,900万円（地方銀行、金利0.8%、返済期間27年、元利均等返済）
元利返済額	902.2万円（ローン定数K4.12%）

【税引前キャッシュフロー】

税引前CF=NOI 1,460万円－元利返済額902.2万円=557.8万円

【納税金額】

NOI　　　1,460万円

支払利息　　172.5万円

減価償却費　　697.2万円

課税所得　　590.3万円

納税金額　　194.8万円

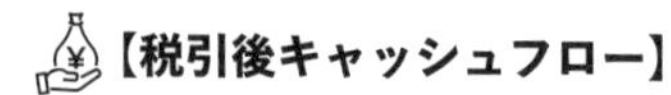

【税引後キャッシュフロー】

税引後CF＝税引前CF557.8万円－税金194.8万円＝363万円

4棟目　中古リノベーション物件Z-RENOVE

【物件概要】

構造　RC造

築年数　30年

減価償却期間　23年

物件金額　4億2,000万円（土地1億2,600万円、建物2億9,400万円）

購入諸費用　1,400万円（土地建物割合に応じて按分、
土地1億3,020万円、建物3億380万円）

年間満室想定賃料　3,500万円（表面利回り8.33％）

NOI　2,600万円（FCR5.99％）

【資金計画】

自己資金　3,400万円

借入金額　4億円（地方銀行、金利0.9％、返済期間25年、
元利均等返済）

元利返済額　1,787.4万円（ローン定数K4.47％）

【税引前キャッシュフロー】

税引前CF= NOI 2,600万円－元利返済額1,787.4万円=812.6万円

【納税金額】

NOI	2,600万円
支払利息	354万円
減価償却費	1,336.7万円
課税所得	909.3万円
納税金額	300万円

【税引後キャッシュフロー】

税引後CF＝税引前CF812.6万円－税金300万円＝512.6万円

4棟合計

税引前CF	1,988.4万円
税引後CF	1,330.4万円

法人には現金2億円があり、経営実績も長く金融機関との取引実績もあったことから、融資を受けやすい状況でした。こうした強みを生かし、キャッシュフロー目的の物件を買いました。

D様は今後、業績を見ながら減価償却目的の物件を不動産ポートフォリオに入れ税金対策もしつつ、状況によっては売却で利益を出したり、減価償却期間が終了した物件は売却して、新たな物件に組み替えたりと、臨機応変に対応する計画です。「事業会社に安定的にキャッシュフローをもたらしてくれる仕組みを構築でき、経営の安定度が大きく向上しました。祖業も大切にしながら、一方で不動産賃貸業の拡大を推し進めることで次の代にも会社を承継できるようにしていきたいです。」と感謝の言葉もいただいています。

おわりに

本書を最後までお読みいただき、ありがとうございました。

収益物件を上手に活用すれば、「安定収益源の確保」や「税金対策」といった課題を解決できることが、よくお分かりいただけたのではないかと思います。

わたしが経営する大和財託株式会社は、こうした悩みを抱えておられる方々に、一棟収益物件の活用を提案し、そのサポートをすることで、これまでに多くの方のお金の悩みを解決してきました。

不動産投資と聞くと、1980年代後半の“バブル景気”時代に流行った投機的なものをイメージされる方もいらっしゃったでしょう。しかし、本書の内容を読んでいただければ分かるように、当社が提唱するのは、投機的な不動産投資ではなく、賃貸経営を通じて、確実なキャッシュフローの確保と、税金対策を実現するものです。

私は独立起業する前、大企業の会社員でした。財閥系デベロッパーだったため、会社員としては一定水準以上の給料をいただいていましたが、終身雇用が崩壊した現代においては、大企業だから生涯安泰というわけではありませんし、私の世代では年金も期待できません。

そんななか、将来の経済不安を払拭するために2009年から仕事をしながらでもできる不動産投資に挑戦することにしたのです。当時は不動産投資についての情報も少なく、ノウハウを簡単に手に入れることができませんでした。それでも試行錯誤を繰り返しながら実績と経験を積み重ねた結果、一定の資産を築くことができたのです。こうした実体験をもとに、現在や未来の暮らし、お金や資産に対する悩みを解決することを目的として当社を創業しました。

事業を進めるにあたっては、以下のような理念も掲げました。

「私たちは、資産運用の総合サービスを通じてお客様に経済的豊かさと人生に潤いを提供します。そして、私たちに関わる全ての人々が幸せになることで、地域社会ひいては日本国のさらなる発展に貢献することを私たちの使命とします。」

この思いを大切にしながら、不動産投資を主軸とした資産運用コンサルティングに注力しています。

ここ数年間、株式マーケットは好調です。2020年からのコロナ禍においても世界的な金融緩和が後押しし、2021年に入りNYダウ平均株価は史上最高値を更新し、日経平均株価も約30年ぶりに3万円代の大台を突破しました。

一方、度重なる緊急事態宣言に伴う自粛により実体経済への傷は深く、その回復には時間を要することでしょう。少子高齢化による経済の縮小といった根本的な課題もあり、先行きへの不安をぬぐうことはできません。

こういった状況下で不安な将来への資産運用の手段として不動産投資ブームが起きています。インターネット上や書籍などで、現在は多くのノウハウも世に出回っています。しかしながら、一人の不動産投資家、また収益物件を活用した資産運用コンサルティング会社の経営者としてそれらの情報に触れてみると、大企業が発信する情報を含めほとんどはバイアスのかかった「誤った情報」と評価せざるを得ません。

不動産投資は株などに比べてリスクが低いといわれますが、それはリスクの数が少ないのではなく、それぞれのリスクに対応策があるということです。

本書で紹介した考え方は、世の経済情勢や流行によって変わることのない「不動産投資の成功法則」です。細かく突き詰めれば、もっと多くのことを理解する必要がありますし、少し大雑把な表現になっている部分もありますが、本書は収益物件を活用して資産運用したい、節税したいという一般の方々が、最低限身に付けるべき内容を理解いただくことに重きを置いて執筆しました。

再三お伝えしましたが、不動産投資は買って終わりではありません。長期安定収入を実現させるには、現在の状況や経済情勢、時代背景などに合わせたリスク管理が必要であり、専門的な知識と豊富な経験に裏付けられた対応策が求められます。小手先のノウハウだけでは成功を手に入れることはできません。だからこそ重要なのが、不動産投資・賃貸経営事業を共に行う優秀で信頼できるパートナーを見つけることです。ぜひ本書を参考に、みなさまそれぞれの一生涯の不動産投資・資産運用のパートナーを探していただきたいと思います。

今回出版するにあたり、多くの方に大変お世話になりました。また、当社を信頼しお取引いただいているお客様、当社の事業にご協力いただいている多くの取引先の皆様、企業理念の実現のために日々仕事を頑張ってくれている当社社員の皆さんに、この場を借りて感謝申し上げます。

本書を通じて、一人でも多くの方が不動産投資・賃貸経営の正しい知識を身に着け、将来のお金の悩みを解決への一助となれば、それに勝る喜びはありません。

2021年4月　大和財託株式会社
代表取締役CEO
藤原正明

【著者略歴】
藤原正明（ふじわら・まさあき）
大和財託株式会社 代表取締役 CEO

1980 年生まれ、岩手県出身。
三井不動産レジデンシャル株式会社で分譲マンション開発に携わり、
その後関東圏の不動産会社で収益不動産の売買・管理の実務経験を積む。
2013 年に大和財託株式会社を設立。収益不動産を活用した
資産運用コンサルティング事業を関東・関西で展開。
全国の投資家や土地オーナーの悩みを解決し、絶大な支持を得ている。
著書に『中小企業経営者こそ収益不動産に投資しなさい』、
『収益性と相続税対策を両立する土地活用の成功法則』など。

監修：あいわ税理士法人

※本書は投資の参考となる情報提供を目的としています。投資にあたっての意思決定、最終判断はご自身の責任でお願いいたします。本書の内容は 2021 年 4 月 2 日現在のものであり、予告なく変更されることもあります。また、本書の内容には正確を期する万全の努力をいたしましたが、万が一、誤りや脱落等がありましても、その責任は負いかねますのでご了承くださいませ。

収益性と節税を最大化させる 不動産投資の成功法則

2021 年 5 月 1 日 初版発行
2024 年 4 月 17 日 第 12 刷発行

発行 **株式会社クロスメディア・パブリッシング**
発行者 小早川幸一郎
〒151-0051 東京都渋谷区千駄ヶ谷 4-20-3 東栄神宮外苑ビル
http://www.cm-publishing.co.jp
■本の内容に関するお問い合わせ先 …………………… TEL (03)5413-3140 ／ FAX (03)5413-3141

発売 **株式会社インプレス**
〒101-0051 東京都千代田区神田神保町一丁目 105 番地
■乱丁本・落丁本などのお問い合わせ先 ……………………FAX (03)6837-5023
service@impress.co.jp
※古書店で購入されたものについてはお取り替えできません

ブックデザイン 金澤浩二
DTP 株式会社 RUHIA
校正 konoha
図版作成 長田周平
印刷・製本 株式会社シナノ
ISBN 978-4-295-40535-1 C2034